감각과 초월

감각과 초월

한스 우르스 폰 발타자르의 신학적 미학 입문

김산춘 지음

Hans Urs von Balthasar

에포크

개정판에 부쳐

졸저 『감각과 초월』이 세상에 나온 것은 2003년 부활절 무렵이다. 벌써 20여 년이 흘렀다. 당시 로마와 도쿄에서 유학을 마치고 돌아와 대학에서 교편을 잡은 나는 그동안의 공부를 이 작은 책 한 권에 정리해보았다. 책의 제목이 말해주듯이 미학과 신학의 융합을 기초로 한 이른바 사상문화학(思想文化學)의 첫 시도였다. 그리고 그 핵심은 미학적 신학이 아니라 신학적 미학이 무엇인지를 소개하는 일이었다. 신학이나 미학 연구자만을 위한 책이 아니라 일반 독자도 읽을 수 있는 책을 쓰려 했는데, 그래서인지 어느 분은 이 책을 '세미 클래식'이라고 부르기도 했다.

이 책을 쓸 때 무엇보다도 길잡이가 된 것은 한스 우르스 폰 발타자르의 주저 3부작의 제1부인 『영광: 신학적 미학』이었다. 그러나 그 이후 나는 차츰 발타자르보다는 그 배경에 서 있던 카파도키아의 교부 니사의 그레고리오스의 사유로 빨려 들어갔다. 그러는 동안 이 책이 나온 이후 간간이 다른 연구자들에 의해 발타자르에 관한 논문과 소책자의 번역이 이루어지긴 했으나, 여전히 주저 3부작인 『영광: 신학적 미학』 『신의 연극학』『신의 논리학』은 번역 출간되지 않았음은 물론 이 저작들에 관한 단행본도 출간되지 않았다. 게다가 『감각과 초월』마저 절판이 되어버렸기에 발타자르의 미학 세계를 알고자 하는 독자들과 발타자르 사이의 거리는 멀어져만 갔다. 그리하여 나는 『감각과 초월』을 새로이 세상에 내보냄으로써 21세기이기에 더욱 빛을 발하는 영적 감각론의 불씨를 다시 지피기로 했다. 인간은 인간인 한 감각과 무관할 수 없다. 문제는 감각에 그대로 머물러서는 안 된다는 것이다. 그것은 인간의 동물화를 촉진시킬 뿐이다. 감각은 영적인 감각으로 변모해야 한다. 그것이 인간이 참으로 인간이 되는 길이며 곧 신화(神化)이다.

이번 개정판은 개정판이라고는 하지만 거의 복간(復刊)에 가깝다. 각주를 좀 정리하고, 참고 문헌을 업데이트한 정도이다. 그럼에도 새로이 개정판을 내는 데 결정적인 도움을 주신 에포크 출판사의 서지원 대표님과 편집부의 홍지연, 박혜정 선생님께 깊은 감사를 드린다. 또한 이제는 천국에서나 만나게 될 어머니께 이 개정판을 바친다.

2025년 성모성월에
김산춘 신부

초판 책머리에

"우리가 통상 주의를 기울이고 커다란 관심을 보이는 것은 우리가 아주 사랑하는 사물들이다. 그런데 우리는 아름다운 사물들밖에는 사랑할 수 없다. 실제로 그 누구도 감각이 해를 입을 만큼 추한 사물을 사랑하지 않는다는 것은 분명하다."

아우구스티누스가 『음악론』에서 말한 것처럼, '미학'이라는 학문도 처음에는 내게 그렇게 다가왔다. 알렉산더 바움가르텐이 서양에서 처음 사용한 이 '미학(aesthetica)'이란 용어는 본래 그리스어 '감각(aisthēsis)'에서 온 말이다. 서양에서 감각을 이성보다 열등한 것으로 다루었다는 것은 중요하지 않다. 중요한 것은 미학이 본래 감각론이었다는 것이다. 우리는 지금 수평적 사고를 하는 감성적 교양의 시대에 살고 있다.

동양에서 아름다움을 가리키는 미(美)라는 글자는 '양(羊)'과 '크다[大]'가 결합한 것이다. 이 양은 제사에서 올리는 희생을 의미한다. 그러므로 동양에서는 희생이 크면 클수록 더 아름다운 법이었다. 일본을 대표하는 철학자이자 미학자인 이마미치 도모노부는 "미란 신(神)과 하나 되기 위한 희생의 피에서 흘러나오는 빛이다."라고 말한 적이 있다.

현대사회에서 감각의 힘은 점점 더 커지고 있지만 희생의 의미는 갈수록 퇴색하고 있다. 그리고 그리스도교에서는 이미 오래전에 감각이 죽어버렸다. 한스 우르스 폰 발타자르는 20세기 후반 신학적 미학의 재건을 통해 참다운 미학의 복권을 실현했다.

지난 10년간 나는 도쿄에서 발타자르의 신학적 미학의 원천을 탐색하는 은총의 시간을 보냈다. 특히 두 분의 도움이 결정적이었는데, 그리스도교 철학의 기초를 다져주신 클라우스 리젠후버 신부님과 그 전망을 펼쳐 보여주신 이마미치 도모노부 선생님이시다. 이 책은 그분들의 지도로 이루어진 논문들의 핵심을 담고 있다.

나는 요즘 아름다운 사람이란 바로 니사의 그레고리오스가 『아가 강화』에서 통찰한 '동고동락할 줄 아는 사람(ho sympathōn)'이라는 것을 깨달았다. 미학적 인간학의 목표도 결국은 함께 울고 함께 웃을 줄 아는 인간(마태11,16~19)의 탄생인 것이다. 그것이 참으로 아름다운 그리스도인의 삶이다.

2003년 부활 성야
김산춘 신부

차례

개정판에 부처 4
초판 책머리에 6

서론 11

1장. 그리스도교와 현대 문화 21

1. 종교와 문화 23
2. 근대성의 종언 35
3. 예술의 종언 45
4. 인간 복제 시대의 예술 작품 53
5. 아름다움의 신학을 향하여 61

2장. 발타자르와 신학적 미학의 구상 71

1. 발타자르는 누구인가 77
2. 3부작에 대하여 84
3. 신학적 미학의 구상 89
4. 신학적 미학의 과제 100

3장. 동방 그리스도교의 영적 감각론　105

1. 오리게네스　112
2. 니사의 그레고리오스　126
3. 그레고리오스 팔라마스　145

4장. 유비와 초월　161

1. 형이상학적 미학과 신학적 미학　163
2. 프시와라와 존재의 유비　171
3. 바르트와 신앙의 유비　174
4. 자연과 은총　178

결론　188

참고 문헌　193

일러두기

1. 이 책에 인용되는 성경 구절은 대부분 공동번역 성서의 번역을 따랐으며, 경우에 따라 저자가 직접 번역한 것도 있다.
2. 「요한의 첫째 편지」 1장 3절'은 본문에서는 '1요한1,3'처럼 축약해 표시했다.

서론

한스 우르스 폰 발타자르(Hans Urs von Balthasar, 1905~1988)는 신학적 미학의 과제를 두 단계로 요약했다. 첫째 단계는 하느님의 자기 계시의 형태에 관한 지각론(die Erblickungslehre)으로서의 미학이며, 둘째 단계는 하느님의 영광의 육화와 그 영광에 참여하기 위한 인간의 탈자고양론(脫自高揚論, die Entrückungslehre)으로서의 미학이다.[1] 이 책은 바로 이 두 중심적 과제를 그리스도교 사상문화사적으로 해명하기 위해 쓰였다. 이를 위해 우리는 동방 그리스도교의 영적 감각론과 니사의 그레고리오스(Gregorius Nyssenus, 335~395년경)의 초출(超出, epektasis)론의 현대판이라고도 할 수 있는 유비(類比, analogia)론을 중점적으로 살펴볼 것이다.

사실 인간의 초월에 대해서는 주로 형이상학적·윤리학적 관점에서만 논의되어 왔으나,[2] 우리는 미학적 관점에서도 초월이 가능한지, 또 가능하다면 어떻게 가능한지 위의 두 과제들을 통해서 살펴보려고 한다. 아울러 이는 그리스도교의 진정한 신학적 미학의 가능성을 모색하는 일이기도 하다.

---

1 Hans U. von Balthasar, *Herrlichkeit: Eine Theologische Ästhetik* I (Einsiedeln: Johannes Verlag 1961) p. 118.

2 Klaus Riesenhuber『中世における知と超越』(東京: 創文社 1992),『中世における自由と超越』(東京: 創文社 1988).

고대 그리스인들과 중세 그리스도인들의 목표는 신(하느님)처럼 되는 것이었다.[3] 플라톤(Platon, 기원전428~347년경)의 『대화편』에서 보듯 인간의 행복은 영혼에 날개를 달고 계속 상기(想起, anamnēsis)하면서 이데아의 세계로 올라가 그 축복받은 광경을 관상(觀想, theōria)하는 데에 있었다.[4] 플라톤에 의하면, 지성(nous)에 의한 이데아의 관상이야말로 영혼의 본래 모습이며, 인간은 그렇게 함으로써 완전한 자가 되고 신과 같이 되는 것이었다.[5]

아리스토텔레스(Aristoteles, 기원전384~322년경)도 관상이야말로 인간의 최고 행복이라고 보았다. 그는 그 신비적 내용에 대해서는 자세히 언급하지 않았지만, 만일 지성이 인간을 초월한 신적인 것이라면, 인간은 "자기 안에 있는 최고의 부분"인 지성을 따라 사는 신적인 삶을 살기 위해 모든 노력을 기울여야 한다고 했다.[6]

플로티노스(Plotinos, 205~270)는 인간의 행복은 일자(一者)를 보는 데에 있다고 했다. 일자를 볼 때 인간은 자신이 고차적인

---

3 플라톤 『대화편』 176b 1을 보면, 플라톤의 이상은 "할 수 있는 만큼 신을 닮는 것"이었다. 한편 니사의 그레고리오스 『모세의 생애』 II, 320을 보면, 인간의 완성은 "하느님의 벗이 되는 것"이다.

4 플라톤 『파이돈』 111a. 플로티노스 『엔네아데스』 1권 6부 7장; 5권 8부 4장. 니사의 그레고리오스 『지복론』 제6강화.

5 플라톤 『향연』 212a.

6 플라톤 『니코마코스 윤리학』 1177b 30.

것의 일부임을 확신하고, 최선의 삶을 살며, 신적인 것에 완전히 합일할 수 있다고 한 것이다.[7] 그리고 이 순간은 일자로부터 갑자기(exaiphnēs) 찾아오는 것으로[8] 그리스도교의 은혜와도 같은 것이다.

그리스도교의 이른바 공관복음서 가운데 하나인 「마태오의 복음서」 5장 8절에서는, "마음이 깨끗한 자가 하느님을 볼 것"이라고 한다. 또 「요한의 첫째 편지」 3장 2절에서는, 종말에 "우리도 그리스도와 같은 사람이 될 것"이며, 그리스도의 참모습을 보게 될 것이라 한다. 그리고 결정적으로 「베드로의 둘째 편지」 1장 4절에서는, 우리가 "하느님의 본성[神性]을 나누어 받는" 자가 될 것이라고 한다.[9] 이러한 성경의 인간 신화(神化, theōsis) 사상은 교부들과 신학자들을 통해 중세 전체를 관통하고 있었다.

그러나 유럽 사상사에서 인간의 신화라고 하는 주제는 중세 말기 오컴의 윌리엄(William of Ockham, 1287~1347)이 신학과 철학을 분리하면서 잊히기 시작했으며, 계몽주의를 거치면서 칸트(Immanuel Kant, 1724~1804)에 이르러서는 그 종언을 고할 수밖에 없었다. 즉 칸트가 신적 지성(nous, intellectus)이라고 하

---

7 플로티노스 『엔네아데스』 4권 8부 1장.

8 같은 책, 5권 3부 17장; 5권 5부 3장; 5권 5부 7장; 6권 7부 34장. 플라톤 『향연』 210e, 『제7서한』 341d.

9 "Genēsthe theias koinōnoi physeōs."

는 이른바 상부 구조를 베어내고, 그것을 인간의 유한한 지성으로 축소시켰을 때, 지성은 오성(悟性, Verstand, understanding)이 되고, 지성과 이성(Vernunft, reason) 사이의 서열은 역전되었던 것이다.[10] 그리하여 헤겔(Georg W. F. Hegel, 1770~1831) 철학에 이르러, 철학은 예술과 종교의 단계를 지양하고 절대정신의 최상좌에 앉게 되었다. 그러나 이성이 그 정상에 위치함과 동시에 역설적으로 이성의 천하, 계몽의 합리주의 시대는 끝나버렸다. 칸트가 이미 내부에 자기 모순을 품은 인간 이성의 한계를 엄격하게 획정하여 보여주었기 때문이다. 그것은 철학과 그 개념 장치의 전통에 대한 래디컬한 파산 선고였다.[11]

오늘날 우리는 소위 포스트모던 시대에 살고 있다. 이제 인간이 다시 신에게로 돌아가는 길은 영영 사라진 것 같다. 니체가 선언한 것처럼 신은 죽어버렸기 때문이다. 하이데거(Martin Heidegger, 1889~1976)가 횔덜린(Friedrich Hölderlin)의 시를 해석하며 사라진 신들의 흔적을 더듬어보지만 이미 떠나버린 신들이 다시 돌아올 것 같지는 않다. 그래도 최후의 신이 보내는 윙크에 응답하며 다시 시작해볼 수밖에 없다.[12] 로마노 과르디니(Romano Guardini, 1885~1968)가 말했듯, 남은 것은 신

---

10 坂部惠『ヨーロッパ精神史入門』(東京: 岩波書店 1997) p. 139.

11 같은 책, pp. 140~141.

12 Martin Heidegger, *Beiträge zur Philosophie* (Frankfurt a.M.: V. Klostermann 1994).

의 현존을 가리키는 표징들(Zeichen)뿐이다.[13]

칸트가 신적 지성을 버리고 인간의 이성으로 귀의했듯이 20세기 후반의 현대인들은 이성을 버리고 동물적 감각으로 귀의했다. 1970년대 일본의 오시마 나기사(大島渚) 감독은 영화 〈감각의 제국〉을 통해 행진하는 군대와 아무런 상관없이 둘만의 정사에 탐닉해 있는 주인공들의 모습을 보여줌으로써, 체제에 정면으로 도전하는 인간의 욕망을 철저하게 시각화하는 데 성공했다.

그리스도교는 우리의 감각이 유한하고 가변적인 질서 안에 있으면서도 그 의미를 잃지 않는 것은, 감각이 무한하고 초월적인 신에게로 가기 위한 질료 내지 연료이기 때문이라고 말한다. 인간의 감각은 마치 땔나무 같은 어두운 질료에 불과하지만 일단 거기에 불이 붙기만 하면 하나의 아름다운 불꽃으로 변화한다.[14] 성령을 받아들이지 않은 감각은 그저 질료로서 남지만, 자유인은 부활한 그리스도의 성령이 던지는 불길(루가12,49)을 받아들여 자신의 어두운 감각을 환한 불꽃으로 변모(metamorphōsis, transfiguratio)시킨다. 모든 감각은 죽는다. 그러나 그것은 새로운 감각을 탄생시키기 위한 수난이요 죽

---

13 Romano Guardini, *Von Heiligen Zeichen*, 장익 역 『거룩한 표징』 (분도출판사 1976).

14 플라톤 『제7서한』 341d. "이른바 불똥에 의해 점화된 등불처럼, 돌발적으로, 배우는 자의 혼 안에 생기고, 생기고 나서는 생긴 것 그 자체가 스스로를 양육해 간다고 하는 그러한 성질의 것이다."

음이다. 인간은 언제나 죽음과 생명, 시간과 영원, 얼음과 불, 허무와 존재 사이에서 끊임없이 움직이고 있다. 성령을 받아 새로워진 감각만이 신의 사랑 안에서 어느 날 갑자기 아름다움 그 자체를 보게 될 것이다.[15] 그것이야말로 인간다운 삶이자[16] 신적인 삶이다.[17]

본론에 들어가기 전에 1장에서 현대 문화와 그리스도교의 접경에 걸려 있는 몇 가지 문제를 짚어볼 것이다. '문화의 세기'라고 일컬어지는 21세기의 입구에서 인류는 9·11 테러라는 비극을 비롯해 여러 문화 간의 충돌을 경험했다. 세계를 하나의 문화로 지배하려는 과학기술에 의한 세계화는 교만에 지나지 않을지도 모른다. 총제적 파멸의 시나리오를 피하기 위해서는 먼저 단 하나의 절대 가치가 있다는 사고방식을 버려야 한다. 또한 문명이나 종교 간의 마찰과 대립을 피하기 위해서는 타자의 존재를 허용하는 원리, 즉 관용의 정신을 인류 공통의 목표로 삼아야 한다. 사실 미국이 비판받아야만 하는 단 하나의 이유는 그들이 타자의 슬픔을 느끼지 못한다는 것이다. 9·11 테러 전후로 세계 곳곳에서 헤아릴 수 없이 많은 비극적 사건들이 훨씬 더 비참한 형태로 일어나고 있다. 바로 지금이 민족과 종교의 차이를 뛰어넘어 인류를 하나로 협력

---

15 플라톤 『향연』 210e~212a.
16 같은 책, 211d.
17 플라톤 『파이드로스』 248a.

케 하는 새로운 사상문화가 요구되는 시점이 아닐까? 지구적 위기를 극복하기 위해서 전 인류의 지혜를 총동원해야 할 지점에 다다른 것이다.

이미 많은 이들이 이른바 '근대성과 예술의 종언'이라는 반성을 통해 현대의 위기를 예측해왔다. 그 종언은 신을 제치고 일방적으로 질주해온 인간 이성 발달사의 종언이었다. 그래서 인류는 위대한 주제들로부터 후퇴했고, 일상적이고 사적인 환경 가운데 살아온 역사적 인물들에게 눈길을 돌렸다. 포스트모더니즘이란 어떤 의미에서는 미시사(微視史)의 철학이기도 하다.

한편 서방 그리스도교는 오랫동안 미적 체험이야말로 신앙의 체험임을 망각하고 있었다. 현대의 그리스도교 신자들에게 중요한 것은 "하느님에 대해서 우리는 무엇을 알고 있는가?"가 아니라 "우리는 하느님을 어떻게 하면 느낄 수 있는가?"이다. 현대인을 위한 교리서가 전적으로 재고되어야 할 이유가 여기에 있다. 프로테스탄트 신학은 이미 파스칼(Blaise Pascal, 1623~1662)과 키르케고르(Søren A. Kierkegaard, 1813~1855)에서 보듯이 "이성은 절망에 이르고 절망은 신앙에 이른다는 것"을 꿰뚫어 보고 있었다. 그러나 교부들에 의하면, 하느님에 대한 지식은 그 막다른 골목에서 사람이 되신 말씀의 사랑에 의해 구원된다. 발타자르가 무엇보다도 「아가(雅歌)」의 미학에 깊은 관심을 보인 것도 다 그러한 이유에서이다.

2장에서 미학적인 '보는 힘'을 신학함의 출발점으로 삼는 발타자르의 주저 『영광: 신학적 미학(Herrlichkeit: Eine Theologische Ästhetik)』(이하 『영광』)을 중점적으로 살펴볼 것이다. 그의 탁월한 통찰에 의하면, 그리스도교 사상 문화는 아름다움이라는 전망을 상실함으로써 아주 궁핍한 것이 되어버렸다. 왜냐하면 존재는 진선미 가운데 어느 하나가 무시될 경우 즉시 다른 둘도 황폐해지기 때문이다. 그래서 발타자르는 먼저 미학 배제의 경향을 지니고 출발한 프로테스탄티즘을 비판하고, 이어서 계시에서 출발하지 않은 미학적 신학의 위험성을 내포한 가톨릭을 비판한다. 그리하여 진정한 신학적 미학의 가능성을 모색하기 위하여, 그는 서구 형이상학의 총체적 역사와 성경 전체를 다시 되돌아보는 기나긴 장정에 나선다. 그 종착점은 다름 아닌 「요한의 복음서」 1장 14절 "말씀이 사람이 되셔서 우리와 함께 계셨는데 우리는 그분의 영광을 보았다."이다. 발타자르의 『영광』 전 7권은 단지 이 한 구절의 해명일 뿐이다. 그리고 그 해명 작업에 있어서 최대의 과제는 영적 감각과 탈자고양을 다루는 것이었다. 발타자르 자신은 직접 언급하고 있지 않지만, 나는 그의 작업을 이해하는 데 있어 간접적으로나마 동방 교부들의 '영적 감각론'과, 에리히 프시와라(Erich Przywara, 1889~1972)와 카를 바르트(Karl Barth, 1886~1968) 사이에 있었던 소위 '존재의 유비'와 '신앙의 유비' 논쟁에 대한 해명이 필수 전제가 됨을 깨달았다. 사실 이 둘은 발타자르 자신의 사상사적 배경 그 자체인 것이다.

하여, 3장에서는 동방 그리스도교의 영적 감각론을 다

루었다. 이 책에서는 다루지 않았지만, 발타자르가 자신의 저서에서 전개시킨 대로 이 전통은 서방의 보나벤투라(Bonaventura, 1221~1274)와 이냐시오 데 로욜라(Ignacio de Loyola, 1491~1556)에게 그대로 이어진다. 이 책에서는 먼저 '영적 감각론'을 창시한 오리게네스(Origenes, 185~254년경)를 필두로, 그 영적 감각론의 꽃이라고도 할 만한 니사의 그레고리오스의 『아가 강화(In Canticum Canticorum)』를 통해서 그 자체로 예술 같은 그의 알레고리적 해석을 살펴보았다. 그리고 마지막으로 동방에서 꽃핀 그레고리오스 팔라마스(Gregorius Palamas 1296년경~1359)의 인간 신화 사상을 통해 영적 감각론의 최종 목표를 확인해보았다.

발타자르에 의하면, 동서 교회는 각각 시각과 청각을 대표한다. 동방교회가 빛이신 로고스 그리스도를 형태(idea)로 받아들이고 있는 데 반해, 서방교회는 십자가에 달리신 로고스 그리스도를 말씀(verbum)으로 받아들이고 있는 것이다. 발타자르는 관상적인 요한의 동방교회[Byzantium]와 사도적인 바오로의 서방교회[Wittenberg] 사이에 베드로의 시청각 교회인 가톨릭교회[Roma]가 위치하고 있다고 보았다.

마지막으로 나는 4장에서 유비와 초월의 문제를 다루었다. 이 세상의 미와 하느님의 미(영광) 사이의 관계를 논하는 데 있어 무엇보다 필수적인 것은 유비(類比, analogia)에 대한 정확한 이해이다. 이는 발타자르가 자신의 선도자였던 프시와라와 바르트 사이의 논쟁을 지켜보면서 오랫동안 고심했던 철학적 문제였다. 프시와라는 종래 정적(靜的)으로 이해되어왔던 존재의 유비를 역동적으로 이해할 수 있는 길을 개척했다. 그에게 유비란 "살아 계신 하느님과 만나는, 붙잡을 수 없는 지점"이었다. 그러므로 유비란 하나의 설(說)이 아니라 "자기 자신을 초월하고자 하는 영혼의 완전한 투신"을 가리킨다. 사실 이는 카파도키아의 교부 니사의 그레고리오스의 초출론, 즉 에펙타시스론의 현대판이라고도 할 만한 것으로, 발타자르의 둘째 과제였던 탈자고양이 어떻게 가능한지를 말해주는 중요한 단서가 된다.

그리스도교와 현대 문화

Hans Urs von Balthasar

1. 종교와 문화

종교와 문화의 관계를 정리해보면 다음 세 가지 양태로 분류할 수 있다.[1]

첫째, 동일(同一). 이는 고전 인문주의의 전통이다. 특히 마르실리오 피치노(Marsilio Ficino, 1433~1499)와 조반니 피코 델라미란돌라(Giovanni Pico della Mirandola, 1463~1494)는 '신과의 일치'라는 플라톤 철학의 이상을 그리스도교의 목표와 동일한 것으로 본다.

둘째, 포섭(包攝). 문화가 종교를 포함하거나, 종교가 문화를 포함하는 것이다. 암브로시우스(Ambrosius, 339~397)는 "종교는 찬미를 동반한 명백한 인식이다(Religio est clara cum laude notitia)."라고 말한다. 종교도 명백한 지식으로서 문화에 포함된다는 것이다. 단지 찬미의 있고 없음이 다를 뿐이다. 또 20세기의 스콜라 철학자인 샤를 부아예(Charles Boyer, 1884~1980)도 『철학 강좌(Cursus Philosophiae)』에서 "종교는 신에 대한 도덕(morale ad Deum)"이라고 규정한다. 즉 문화로서의 도덕이 종교를 포함하고 있는 것이다. 그러나 사도 바오로는 「로마인들에게 보낸 편지」 12장 2절을 통해서, 선이나 완전성 등 모든 문화적 가치는 하느님의 가르침으로서의 종교라

---

1 今道友信「靈性と芸術」『総合文化研究所年報』 7 (東京: 靑山学院女子短期大学 1999) pp. 4~6.

틀 안에서 등급이 매겨진다고 설명한다.

셋째, 이접(離接). 종교는 문화가 아니라는 주장이다. 유물론자에게 종교는 '부정되어야 할 야만'이며, 과학주의자에게 종교는 '극복되어야 할 무지'다. 니시다 기타로(西田幾多郎, 1870~1945)는 "종교는 문화처럼 자기 안으로 들어오는 것이 아니라 근원으로 회귀하는 것이며, 문화의 의식 내재에 대립하는 존재의 원리에의 참여"라고 말한다. 또 요시미츠 요시히코(吉滿義彦, 1904~1945)는 "종교는 신에 의한 것이며, 문화는 인간에 의한 것이다."라고 단정 짓는다.

그러나 종교는 인간적 초월(ecstasis humana)과 신적 내재(instasis divina)의 경합적(競合的) 종합의 자리에 있다.[2] 종교란 인간이 자기의 인간성을 뿌리박고 있는 이 세계로부터 동경(憧憬)에 의해 이탈하여 신적 영역으로 들어가려는 정신의 이탈적 참여와, 신이 자기의 신성을 뿌리박고 있는 초월적 영역으로부터 개입적으로 하강하는 은총의 상반된 방향(vector)이 작용하여 형성된 긴장이다. 즉 신성(divinitas)의 저변 영역의 신비 현상과 인간성(humanitas)의 상한 영역의 문화 현상이 교향(交響)하는 역동적인 자리가 바로 종교다.

즉 종교는 인간의 현세 이탈과 신의 현세 개입이라는, 현실 세계를 둘러싼 인간적 상승과 신적 하강의 역방향이 자아

---

2 같은 책, pp. 7~10.

낸 에너지인 것이다. 그렇기에 문화 또한 신적 내재(신비)를 제시(암시)함과 아울러 인간적 초월을 유도하고 있다고 보는 것이다.[3]

아시아 교회와 인컬처레이션(inculturation)

2000년 11월 중순, 한국 천주교 중앙협의회 사목연구소 주관으로 〈아시아 교회의 토착화 과정과 전망〉이라는 국제 심포지엄이 열렸다. 그때 나는 "일본 가톨릭의 당면 과제"를 발표한 가르멜수도회의 오쿠무라 이치로(奥村一郎) 신부의 약정 토론자로 참가하면서 다시 한번 '종교와 문화'의 관계에 대한 생각을 정리해볼 기회를 가졌다.

오쿠무라 신부에 의하면, 일본 교회는 일본이 극히 가난했던 1950년대 초반까지는 영세자 수가 기적같이 증가했으나 중반에 접어들면서 그 수가 감소 일로를 달렸기에, 그때부터 '문화적 적응(adaptation)'이란 문제를 진지하게 다루기 시작했다. 1960년대부터는 외적인 문화 적응에서 내적인 토착화(indigenization)와 이식(implantation) 등 일본화의 과제와 마주하게 되는데, 불행히도 그 결과는 매우 부정적이었다. 즉 그리스도교 신자들조차도 일본인의 영혼은 결코 서양인의 영혼이

---

3 같은 책, p. 14.

받아들이듯 그리스도교를 받아들일 수 없으며, 그리스도교는 기껏해야 '일본교의 그리스도파'에 불과할 것이라는 결론을 내렸다. 일본 가톨릭 문학의 대표 작가 엔도 슈사쿠(遠藤周作)의 소설 『침묵』에 나오는 한 구절도 이를 대변하고 있다. "이 나라는 늪지대요. 머지않아 그대도 알게 될 터이지만 이 나라는 생각보다 훨씬 무서운 늪지대였소. 어떠한 묘목도 그 늪지대에 심으면 뿌리가 썩기 시작하오. 잎이 누레지고 시들어버리오. 우리는 이 늪지대에 그리스도교라는 묘목을 심었소."

공교롭게도 제2차 바티칸 공의회의 "종교 간의 대화 권고"와 맞물려 나온 이 '선교 불가능론'은 물론 반(反)선교론까지는 아닐지라도 일본인의 정신세계와 문화 구조가 얼마나 (서양) 그리스도교를 받아들이기에 부적합한가를 여실히 보여주었다.

그렇다면 이처럼 종교와 문화는 서로 상충하는 것일까? 수천 년 이어져 내려온 '종교 문화'는 도대체 어떻게 성립할 수 있었던 것일까? 혹자는 '그리스도교 문화'라는 말이 성립될 수 없다고 한다. 종교는 신으로부터 주어지는 것이며 구원의 문제인 데 반해, 문화는 인간이 만드는 것이며 가치의 문제이기 때문이라는 것이다. 그러나 '그리스도교 철학(philosophia christiana)'[4]의 성립에서 보듯이, 그리스도교 철학은 이교 철학

---

4 Jean Daniélou, *Dieu et Nous* (1956), 石沢幸子 等訳 『キリスト教の神とは』(東京: 中央出版社 1971) pp. 54~101. 혹자는 '그리스도교 수학'이 없는 것처럼, '그리스도교 철

인 플라토니즘을 대폭 수용하고 있으며, 오히려 '그리스도교 신자들의 철학(philosophia christianorum)'이 종종 이단에 빠지는 것을 그리스도교 문화사에서 발견하곤 한다.

문화와 종교

20세기 문화 신학자라고 일컬어지는 파울 틸리히(Paul Tillich, 1886~1965)는 그리스도교 신앙과 현대 문화는 서로 배척하는 것이 아니라 오히려 서로 관련을 맺는 것이라고 확신했다. 그는 기존의 신학 언어들이 현대사회에서 그 의미를 상실해버렸으므로 그 언어들을 현대 철학과 현대 심리학의 언어로 재해석해야 한다고 보았다. 예를 들면, 죄는 소외를, 타락은 무의미와 불안을, 구원은 화해를 상징한다는 것이다. 또 한편 그는 인간 문화 자체 안에 숨어 있는 신학적 의미들을 발굴해야 한다고 주장한다. 인간 문화는 다양한 방식으로 인간의 실존에 관한 근본 문제들을 제기하고 있으며, 종교는 다양한 상징들을 통해 그 제기된 문제들에 대한 답변을 시도하

학'도 없다고 한다. 그러나 우리는 수학의 확실성과 철학의 확실성은 서로 다른 차원에 속한다는 것을 잊어서는 안 될 것이다. 이성은 은총의 도움 안에서만 신의 인식에 도달할 수 있으므로, 에티엔 질송(Étienne Gilson)은 그리스도교 철학이란 '계시의 도움을 받은 이성의 활동'이라고 정의한다. 한편, 가브리엘 마르셀(Gabriel H. Marcel)은 신비에 대한 존경을 지니고 그것을 이해하려고 하는 결의를 끝까지 포기하지 않는 지성의 노력을 그리스도교 철학이라고 말한다.

고 있기 때문이다.

틸리히에 의하면, "궁극적 관심"으로서의 종교는 문화에 의미를 주는 내용물이며, 문화는 그 안에서 종교가 자신의 기본적인 관심을 표현하는 형식들의 총체이다. 그는 이를 『문화의 신학』(1959)에서 간략하게 "종교는 문화의 내용이고, 문화는 종교의 형식이다."라고 말했다. 이러한 생각은 종교와 문화에 대한 이원론적인 생각을 애당초 봉쇄하는 것이다. 그는 모든 종교 행위가 (제도화된 종교 안에서만이 아니라 영혼의 가장 내밀한 운동 안에서조차) 문화적으로 형성되어 있다고 본다.[5]

과거 몇백 년 동안 서양에서 (수직적) 종교와 (수평적) 문화는 끊임없이 충돌해왔다. 그렇다고 이 둘을 섬처럼 분리해놓으면 어떤 해결도 불가능하다. 그러므로 틸리히는 정신이라는 차원에서 이 둘을 통합하고자 한다. 그는 정신이라는 차원에서 생명의 자기 창조가 문화이며, 자기 초월이 종교라고 말한다. 그는 정신적인 생명 속에는 궁극적으로 숭고한 것, 궁극적으로 풍요로운 것, 형상이면서 형상을 초월해 있는 절대적인 힘―이를 그는 "거룩한 것"이라고 부른다―으로 향하는 충동이 있다고 말한다. 이 거룩한 것이 결여된 문화는 키르케고르가 단지 미적 태도라고 부르는 불성실한 놀음이며, 이 거룩한 것이 결여된 종교 또한 불성실한 자기 고양이라는 것이다.

---

5 Paul Tillich, *Theology of Culture* (Oxford: Oxford University Press 1959) p. 42.

틸리히는 종교가 자신을 거룩하다고 자처할 때, 또 문화가 자신의 창조성을 거룩하다고 자처할 때 죄를 짓게 된다고 한다. 그리고 현대사회에서는 종교의 죄보다 바로 이 문화의 죄가 훨씬 더 다양하고 강하다고 지적한다. 그는 인생의 궁극적 의미를 묻지 않는 문화는 없지만 이 거룩한 것이 문화에서 은폐되는 것을 세속화라고 부른다. 그리고 극단적인 세속화는 비속화(卑俗化) 혹은 속악화(俗惡化)라고 불리는데 여기서 문화는 무의미해지고 공허해진다. 지금 세계는 동서양 할 것 없이 이러한 비속화의 위협을 받고 있다.[6]

현대사회와 문화 연구

21세기를 열어젖힌 2001년 새 학기부터 연세대학교 대학원은 "문화 연구(Cultural Studies)"라고 하는 새로운 학위 과정을 개설했다. 지난 1990년대부터 시작된 단순한 "문화 평론"에서 벗어나, 문화의 본질과 작용을 본격적으로 연구하는 학문이 필요해졌다고 보았기 때문이다.

문화(文化)라는 한자어는 문치교화(文治教化)에서 왔다. 형벌이나 위력을 사용하지 않고 인민을 교화한다는 뜻이다. 우리나라도 군사 정권과 차별을 두기 위하여 문민정부란 용어를

---

6 1960년 5월 25일 교토대학 및 6월 15일 도쿄대학 강연. 『문화와 종교』(전망사 1984) 참조.

사용한 적이 있다.

서양에서 문화(culture)는 예배와 경작을 뜻하는 라틴어 'colere'에서 왔다. 이 말은 나중에 단지 땅의 경작(cultus agri)만이 아니라 키케로의 말대로 마음의 경작(cultura animi)을 의미하게 되는데, 서양 중세에서 널리 퍼진 정신적 교양(cultura mentis)이란 말은 여기서 비롯된 것이다. 무엇보다도 문화의 어원이 신들의 예배(cultus deorum)에 있다고 보는 피퍼(Josef Pieper, 1904~1997)의 말과[7] 문화를 종교의 육화라고 보는 엘리엇(Thomas S. Eliot, 1888~1965)의 말은[8] 문화와 종교를 논하는 우리가 나아갈 방향을 제시해주고 있다. 한편 그다지 정확한 표현은 아니지만, 문명(civilization)이라는 말과 대조적인 의미로 문화(culture)를 쓰기도 한다. 그러나 'civilization'은 'civis(시민)'에서 온 말로 정치적·법률적 생활과 관련된 시민적 교양을 가리키기 때문에, 영국이나 프랑스에서는 문명을 문화와 거의 같은 뜻으로 사용하고 있다. 그런데 일본에서는 메이지 시대의 계몽적 문명개화(文明開化)에 대해 반발하고 그를 능가하겠다는 의미에서 독일의 문화(Kultur)라는 말을 가져다 썼다. 이는 제1차 세계대전 전후 신칸트학파(빈델반트, 리케르트 등의

---

7 Josef Pieper, *What is a Feast?* (Waterloo: North Waterloo Academic Press 1981) p. 13.

8 Thomas S. Eliot, *Notes towards the Definition of Culture* (London: Faber and Faber 1948).

서남학파)의 문화철학에 의거한 것이다. 서남학파는 영미의 물질적·기계적·산업적·공리적 문명(Zivilisation)과 대비하여, 인간을 인간답게 만든다는 정신적·인간적·이상적 문화(Kultur)의 가치를 주장했지만, 영국과 프랑스인들에게 그 말은 독일 군대의 잔인함과 포악함을 뜻할 뿐이었다. 이후 문화형태학에서 『서구의 몰락(Der Untergang des Abendlandes)』(1918~1922)을 쓴 오스발트 슈펭글러(Oswald Spengler, 1880~1936)나[9] 문화사회학을 창시한 알프레트 베버(Alfred Weber, 1868~1958),[10] 문화철학자 에두아르트 슈프랑거(Eduard Spranger, 1882~1963)[11] 등이 문명과 문화를 논한 바 있으나, 문화인류학에서 앨프리드 크로버(Alfred Kroeber, 1987~1960)와 클라이드 클럭혼(Clyde Kluckhohn, 1905~1960)이 250여 가지에 이르는 다수의 문화 개념을 정리하여 『문화(Culture)』(1952)에서 내린 문화의 정의는 다음과 같다.

---

9 슈펭글러는 세계사의 형태학을 표방한다. 그의 특색은 유기체적 문화관이다. 모든 문화는 노년기에 들어서면 문명이라고 하는 극히 외면적이고 기술적인 단계에 접어들어, 거대한 세계 도시가 출현하며, 제국주의적인 침략이 자행되고, 인간의 창조력 또한 고갈되어 질보다 양이 존중되고 계급 투쟁이 격화된다는 것이다. 『역사의 연구』(1934~1961)를 쓴 토인비(Arnold J. Toynbee)는 문화를 문명 혹은 사회라는 말로 바꿔서 같은 견해를 주장한다.

10 베버는 역사 발생의 영역을 사회 과정(정치·경제), 문명 과정(과학·기술), 문화 운동(종교·예술)이라고 하는 세 단계로 나누어 고찰한다.

11 슈프랑거는 외면적 세련, 기술적 성과로서의 문명과 정신적 문화를 함께 포괄하는 문화를 생각했다. 문화는 민족에 의한 가치 창조의 전체로서 각 민족은 독자적인 삶의 형태를 가진다고 보았다.

문화는 상징에 의해 얻어지고 전달되는 행동의 양식 및 행동을 위한 양식으로부터 성립한다. 그것은 인간의 모든 집단의 판연한 업적을 형성하고, 갖가지 인공물로서 구체화되기도 한다. 문화의 본질적인 핵심은 전통적인 관념들, 특히 그것에 붙어 있는 가치들로부터 성립된다.

도쿄대학 대학원은 문화자원학(文化資源學) 전공을 신설했을 뿐만 아니라, 1999년도에는 사상문화학과, 역사문화학과, 언어문화학과, 행동문화학과 등으로 구분되던 인문계의 연구 영역들의 명칭을 2000년도에 기초 문화 연구, 일본 문화 연구, 아시아 문화 연구, 구미 문화 연구 등과 함께 지역 문화 연구, 초역(超域) 문화 연구 등으로 바꾸었다. 이런 추세로 볼 때 앞으로의 학문 연구는 인문계와 자연계를 구분하지 않고 진행될 것이라 예측해볼 수 있다.

포스트크리스천 문화와 신앙

1999년 5월 교황청 문화평의회는 「문화 사목(Per una pastorale della cultura)」을 발표했다. 여기서 문화평의회는 새로워진 문화 상황을 새로운 복음화의 영역으로 보고 문화와 복음의 만남을 위한 몇 가지 지침과 구체적인 제안들을 내놓았다. 평의회가 진단한 당면 과제는, 문화에 어떻게 신앙을 접목시키는가가 아니라 탈(脫)그리스도화된 새로운 '아레오파고'(사도17,16~34)에서 어떻게 신앙을 회복시킬 것인가였다.

모든 문화는 인간 생활의 초월적인 차원을 표현하는 길이며, 모든 문화의 핵심은 가장 위대한 신비인 하느님의 신비에 대한 접근임에도 불구하고, 현대 문화는 삶에 대한 강한 긍정을 보이는 한편 생명의 샘이신 하느님을 완고히 거부함으로써 스스로 죽음의 문화를 초래했다는 것이다. 예수회의 마이클 갤러거(Michael P. Gallagher, 1939~2013) 신부는 이러한 포스트크리스천 시대의 문화를 다음과 같이 요약한다.

> 이 시대에 모든 종교적 경험과 계시 자체는 내재적 탐구로 축소되었으며, 하느님의 은총은 자기 성장(self-growth)으로 대체되었다. 그리스도교의 상징인 십자가조차도 본래의 힘을 잃고 장신구가 되어버렸다. 구원은 더 이상 저 너머에서 오지 않으며, 내재적 목표들, 즉 자기 성숙·창조성·자율 등에 자리 잡고 있다. 그러나 성경은 이 모든 자기 만듦(self-making)의 반대편에 있다.[12]

갤러거 신부에 의하면, 성경은 그럼에도 여전히 현대 문화 안에서 복음화의 가능성을 지니고 있는데 그것은 성경의 이야기(narrativity)가 텍스트 뒤편에서 펼쳐지는 것이 아니라 텍스트 앞에서 전개되고 있기 때문이라는 것이다. 즉 성경은 언

---

12 Michael P. Gallagher, "Bible and Post-Christian Culture," *The Month* Vol. 31, Iss. 12, 1998.

제나 문화를 향해 열려 있고, 문화 또한 복음을 향해 열려 있다. 그는 특히 성경의 다섯 가지 주요한 이야기들이 현대 문화의 다섯 가지 주요한 관심들과 짝을 이루고 있다고 말한다. 즉 창조의 이야기는 자기 정체의 이야기로, 「출애굽기」의 이야기는 자유의 이야기로, 유배 이야기는 정의의 이야기로, 탄생 이야기는 희망의 이야기로, 수난과 부활 이야기는 용서와 치유 체험의 이야기로 보인다는 것이다. 또 다른 한 가지 중요한 점은 성경이 담고 있는 감수성(sensitivity), 즉 성경이 지니고 있는 시(詩)의 성격—드라마, 열정, 외침 등등—이다. 엘리엇의 말대로 현대 신앙의 어려움이 '믿을 수 없음'이 아니라 '느낄 수 없음(inability to feel)'에 있는 것이라면[13] 위기는 신경(信經, credo)에서 오는 것이라기보다는 우리 자신의 문화로부터 오는 것이 분명하다.

---

13 Thomas S. Eliot, "The Social Function of Poetry," 1945.

2. 근대성의 종언

잔니 바티모(Gianni Vattino, 1936~2023)는 이탈리아를 대표하는 미학자이다. 1950년대 후반 토리노대학에서 루이지 파레이손(Luigi Pareyson, 1918~1990)에게 철학을 배운 뒤, 1960년대 초반엔 하이델베르크대학에서 하이데거의 제자였던 가다머(Hans-Georg Gadamer), 뢰비트(Karl Lowith) 등과 함께 주로 해석학 및 존재론 연구에 전념했다. "포스트모던 문화에서 허무주의와 해석학"이란 부제가 달린 바티모의 『근대성의 종언』[1]은, 니체(Friedrich W. Nietzsche, 1844~1900)와 하이데거에 관한 오랜 연구의 결정판이라고 할 수 있다. 파레이손에 이어 토리노대학의 미학 주임교수가 된 그는, 1970년 이후 많은 논쟁을 불러일으킨 이른바 "약한 사유(il pensiero debole)"에 관한 일련의 논문들을 발표하면서 일약 현대 이탈리아를 대표하는 철학자로 부상했다. 여기서는 바티모의 예비적 해설을 살펴봄으로써 '포스트모던'이란 용어의 정확한 개념을 알아보고자 한다.

---

1   Gianni Vattino, *La fine della modernità* (1985), 박상진 역 『근대성의 종말』(경성대학교출판부 2003). 영문판 역자 스나이더(Jon R. Snyder)의 상세한 해설이 실려 있는 *The End of Modernity*(Baltimore: Johns Hopkins University Press 1988) 역시 바티모의 전모를 파악하는 데 큰 도움을 준다.

형이상학의 종언과 포스트모더니티

바티모는 니체와 하이데거가 도달한 결론과 포스트모더니티에 관한 담론 사이의 관계를 연구했다. 사실 산만하고 종종 일관성 없어 보이는 포스트모더니티 이론들은 니체의 영원회귀나 하이데거의 형이상학의 극복이라는 문제와 연관 지어 고찰할 때만 엄밀하고 철학적인 신빙성을 얻을 수 있다. 하이데거의 휴머니즘 비판이나 니체의 완수된 허무주의의 공표를 단지 데카당스의 징후나 선언으로 보지 않고, 철학적 재구축을 위한 긍정적인 계기로 받아들이는 것도 가능하다. 『근대성의 종언』의 첫 두 장은 바로 이를 위해 쓰였다. 그러한 해석이 가능했던 것은 포스트모더니티에 관한 다양한 담론들과 현재 예술, 문예비평 그리고 사회학에서 전개되고 있는 구체적인 특성들에 주의 깊게 귀를 기울이는 용기를 가졌기 때문이다.

니체, 하이데거와 포스트모더니즘을 연결하는 결정적인 일보는 왜 후자가 접두사 'post'를 사용하는가를 알아보는 일이다. 왜냐면 'post'는 니체와 하이데거가 유럽 사상의 유산에 대해서 정립하고자 했던 바로 그 태도였기 때문이다. 양 철학자는 이 유산을 뿌리에서부터 의문에 부쳤고 동시에 비판적 극복을 위한 어떤 수단도 제시하길 거부했다. 양 철학자가 거부한 이유는 이렇다. 극복을 위한 어떤 외침도 유럽 사상의 전통에 새겨져 있는 발전의 논리에 사로잡히게 되리라는 것 때문이다. 니체와 하이데거의 관점에서 보면, 근대성이란 사실상 "사상의 역사는 진보적인 계몽이다."라는 사고에 지배를 받고 있다. 그 자신의 토대들을 보다 완벽하게 자기 것으로 만들어가길 되풀이하면서 발전해가고자 한다는 것이다. 그리고 이러한 토대들은 종종 근원들로 이해되었기에 서양사에서 이론적·실천적 혁명들은 대부분 "되찾기"라든가 "재생"이라든가 "회귀" 같은 말들로 제시되고 또 합법화된 것이다. "극복"이란 사고는 서양 근대 철학에서 아주 중요한 것인데 사유의 과정을 진보적인 발전으로 이해하는 것이다. 거기서 새로운 것은 토대-근원의 되찾기 및 전유(專有)란 중개를 통해서 가치와 동일시된다. 그러나 그 토대란 관념이 니체와 하이데거에 의해 근본적으로 의문시된 것이다. 양 철학자는 또 다른, 더 진실한 토대란 이름으로는 서양 사상을 비판할 수 없다는 것을 깨닫는다. 이 점에서 우리는 그들을 포스트모더니티의 철학자라고 부르는 것이다. '포스트모더니티'에서 '포스트'가 가리키는 것은 사실 모더니티와의 결별이다. 근대성에 내재한 발전의 논리로부터 자신을 자유롭게 하는 것, 즉 새로운 토대를 향한 비판적 극복이라고 하는 사고로부터 자유로워지는 것이다.

우리가 모던 시대에 살고 있는지 아니면 포스트모던 시대에 살고 있는지를 입증하는 것, 즉 역사에서 우리의 위상을 정립하는 것이 왜 철학을 위해서 중요한 일이 될까? 이 질문에 대한 대답은 먼저 사유가 필수적으로 의존하고 있는 존재의 안정된 구조들을 부정하는 일과 관련되어 있다. 존재의 안정성에 대한 이러한 해체는 19세기 형이상학적 역사주의의 위대한 체계들 안에서 부분적으로 발생했다. 존재 자체(Being)는 존재함(to be)이라기보다는 생성함(to become)으로 이해된다. 니체와 하이데거는 존재를 하나의 이벤트(event, Ereignis)로 생각했다. 그러므로 그들의 존재론은 우리의 상황에 대한 해석이 된다.

역사의 종언과 포스트모더니티

근대성에 관한 견해 중 가장 널리 지지받고 있는 전형적 견해는, 근대성을 진보와 극복이라는 두 관념을 가진 '역사'의 시대로 보는 것이다. 이는 세계를 순환적이고 자연주의적으로 보는 옛 사고방식과 대립되는 것이다. 오직 근대성만이 유대-그리스도교적 구원의 역사를 세속적인 관점에서 발전시킴으로써 역사에 존재론적 무게를 실어주었고 그 안에 사는 우리의 위치에 결정적인 의미를 부여했다는 것이다. 그러나 포스트모더니티에 관한 모든 담론은 이러한 생각과 정반대다. 우리가 포스트모던을 모던과 관련지어 새로운 어떤 것으로만 보지 않고, 새로움이란 범주의 해체로 본다면, 즉 역사 자체의 다른 (다소 발전한) 국면의 출현이 아니라, 20세기 문화에 널리 퍼진 "역사의 종언"에 대한 체험으로 본다면 사태는 크게 달라질 것이다.

바티모는 역사의 종언으로서의 포스트모더니티를 파국적인 의미로 다루지 않았다. 오히려 생생한 체험의 새로운 방식이라는 특징적인 요소로서 다루었다. 이 부분을 '역사성의 종언'과 함께 바라보면 이해에 도움이 된다. 하지만 역사의 종언과 역사성의 종언을 잘 구분할 필요가 있다. 우리가 그 안에 놓여 있는 객관적인 과정으로서의 역사(history)와 이 사실을 의식하는 확실한 한 방법으로서의 역사성(historicity) 사이의 구분을 잊어버릴 수 있기 때문이다. 포스트모던 체험에서의 역사의 종언은, 일관된 과정으로서의 역사의 관념은 급속하게 해체되는 반면, 역사성의 관념은 이론에 있어서나 사료 편집에 있어서나 그 방법론적인 자각에 있어서나 더욱 문제시된다는 사실에 의해서 특징지어진다. 니체와 하이데거는 이러한 비-역사성 아니 탈-역사성(post-historicity)이라고 하는 새로운 조건들 안에서 한 실존의 이미지를 구축하기 위한 토대를 정립한 사상가들로 여겨진다. 아르놀트 겔렌(Arnold Gehlen, 1904~1976)은, 포스트히스토리(post-histoire)란 "그 안에서 진보가 진부해진 상황"임을 가리킨다고 주장한다. 즉 기술을 통하여 자연을 정리정돈하는 인간의 능력은 증대되었고 앞으로도 계속 새로운 성취가 이루어질 것임에도 불구하고 그 증대된 정리정돈 능력은 동시에 그 성취들을 덜 새로운 것으로 만들 것이라는 이야기다. 소비사회에서 계속 새롭게 제작되는 옷과 도구와 건물이라는 신제품은 이미 단지 그 체제 안에서 살아남기 위해 심리학적으로 요구되는 것들이다. 여기서 새롭다는 것은 조금도 혁명적인 것이 아니다. 기술 세계 안에는 일종의 심오한 부동성(immobility)이 있다. 그 세계 안에서 공상 과학 소설가들은 실재에 대한 모든 체험을 이미지에 대한 하나의 체험으로 환원해버린다. 누구도 다른 사람을 실제로 만나지는 않는다. 대신 집에서 혼자 화면에 나타난 것들만을 바라볼 뿐이다.

그리스도교에서 역사는 구원의 역사로 나타난다. 그리고 그것은 진보의 역사로 조금씩 탈바꿈하기 전에 완성을 위한 세속적 조건들을 탐색한다. 그러나 진보라는 이상은 최종적으로는 텅 빈 것으로 드러났다. 왜냐하면 그 궁극적인 가치라는 것이 보다 나은 진보가 항상 새로운 모습으로 나타날 수 있는 조건들을 창조해야 했기 때문이다. 어떤 최종 목적지를 향한 진보를 박탈해버림으로써 세속화는 19세기와 20세기의 문화가 보여주듯이 바로 그 진보 자체라고 하는 관념을 해체한다.

정보 혁명과 포스트모더니티

역사의 해체라는 말은 무엇보다도 역사의 통일성이 붕괴했음을 가리키는 것이지 역사가 단순히 종국에 이르렀다는 것은 아니다. 역사의 해체는 근대사와 현대사를 아주 분명하게 구별하는 하나의 특징일 것이다. 현대사라고 해서 바티모는 그 시작을 프랑스혁명으로 보지는 않는다. "현대성

(contemporaneity)"이라고 하는 것은 보편적인 역사를 가능케 하는 정보의 수집과 전달의 장치가 완벽함에도 불구하고 역설적으로 어떤 보편적인 역사를 구축하는 일이 불가능한 시대를 가리킨다. 니콜라 트란팔리아(Nicola Tranfaglia, 1938~2021)가 『현대 세계(Il mondo contemporaneo)』에서 지적하듯이, 이는 매스미디어의 세계, 즉 역사의 중심들이 다수가 된 세계에서 나온 결과이다. 여기서 트란팔리아가 말하는 중심들이란 항상 구체적인 정치적 결단의 결과인 통일된 비전의 토대 위에서 정보를 수집하고 전달할 수 있는 힘들을 말한다. 이는 단지 사료 편집으로서의 보편사가 불가능하다기보다, 오히려 사건의 통일된 과정으로서의 보편사를 위한 필수 조건들이 더는 존재하지 않게 되었다는 것을 보여주는 것이다.

사건의 통일된 과정은 근대인들만 체험할 수 있었던 것이었다. 신문을 읽는 것은 실로 근대인들의 아침 기도였다. 마셜 매클루언(Marshall McLuhan, 1911~1980)이 "구텐베르크 시대"라고 부른 근대성의 도래와 함께 비로소 인간사의 지구촌적 이미지의 구성과 전달을 위한 필수 조건들이 창조된 것이다. 그러나 그러한 체험은 다시 의문시되었다. 그리고 매클루언이 최종적인 분석에서 "텔레비전 시대"라고 부른 시기에는 정보의 수집과 전달을 위한 장비들이 눈부시게 발전했음에도 불구하고 그런 체험이 불가능해졌다. 이러한 관점에서 볼 때, 현대사는 그저 우리에게 가장 가까운 시대를 가리키는 것은 아니다. 엄격히 말해 현대사의 시대란 새로운 커뮤니케이션 수

단의 사용 덕분에 모든 것이 현대성과 동시성의 수준에서 평평해진 시대이며, 체험의 탈-역사화가 일어난 시대인 것이다. 근대성이 과학적 지식의 우위에 의해 특징지어진다고 해도 오늘날 이 우위는 기술의 우위라고 하는 형태를 취한다. 테크놀로지라고 하는 포스트모던적 우위는 정보 체계 기술의 우위로서 이해된다. 오늘날 개발된 국가와 그렇지 못한 국가와의 차이는 컴퓨터 기술이 얼마만큼 그들의 경제를 관통하고 있는가에 따라서 측정된다. 그리고 거기서 모던과 포스트모던 사이의 차이가 발견된다.

약한 사유와 포스트모더니티

니체와 하이데거의 생각은 포스트모던 상황에 대한 아주 비판적이고 부정적인 서술들로부터 [전형적인 사례로 20세기 초반의 문화 비판(Kulturkritik)과 그 가지라고도 할 수 있는 프랑크푸르트학파의 "비판 이론"이 있다. 특히 하버마스의 공격이 그러하다. 그는 후기 산업사회에서 새로운 실존 상황에 의해 배반은 당했으나 아직 해체되지 않은, 해방이라는 근대성 고유의 프로젝트로 회귀할 것을 주장한다.] 포스트모던 상황을 어떤 긍정적인 가능성 내지 호기(好機)로 옮겨 갈 기회를 우리에게 제공한다. 니체는 이 모든 것을 그의 적극적 니힐리즘 이론 안에서, 그리고 하이데거 역시 그것을 그의 형이상학의 비틂(Verwindung)이란 생각 안에서 암시했다. 비틂이란 근대적인 의미에서의 비판적 극복이 아니라, 즉 뒤에 두고 가버리거나 넘어가거나 하지 않고 [하이데거는 헤겔의 지양이나 종합과 같은 개념을 반대한다.] 형이상학을 받아들이되 다른 한편으로는 그 힘을 빼기 위하여 다른 방향으로 비틀어버림으로써 치유를 구하는 것이다. 이 두 사상가 안에서 바티모가 "존재의 약화(weakening of being)"라고 부른 것이, 포스트모던 상황 안에서 사유를 하나의 건설적인 방식으로 자리 잡게 한다. 하이데거에 의해, 그리고 그 전에 니체에 의해 착수된 "존재론의 해체"의 결과를 우리가 진지하게 받아들일 때, 우리는 포스트모던적 실존 상황 안에서 발견되는 인간의 본질을 위한 긍정적인 호기로 접근할 수 있을 것이다. 인간과 존재가 부동의 구조들이란 관점에서 형이상학적으로, 플라톤적으로 수용되는 한 [그러한 개념들은 사유와 존재로 하여금 비-생성의 영역 안에서 논리와 윤리로 자신을 정초하고 부동의 것으로 만들길 요구한다. 또 그러한 개념들은 체험의 전 분야에서, 강한 구조들의 대대적인 신화화 안에서 반영되는 것들이다.] 사유가 포스트모던 시대 안에서 적극적으로 살아가기란 불가능한 일이다.

이 말은 모든 것이 인간에게 똑같이 유익한 것으로 받아들여져야 한다는 것이 아니다. 그러나 우리가 포스트모던 상황이 우리에게 제공하는 가능성들 가운데 무엇인가를 선별할 능력은 그 자신의 내재적 특징들을 포착하는 포스트모더니티에 대한 분석에 기초해서만 개발될 수 있는 것이다. 그 분석은 또 포스트모더니티를 가능성의 영역으로 인정하는 것이지 단순히 모든 인간적인 것을 지옥 같은 부정으로만 보는 것이 아니다.

그러므로 바티모의 변함없는 주제 중의 하나는, 진리에 대한 비-형이상학적인 개념의 개진(開陳)의 필요성인데 그것은 진리를 과학적 지식의 실증주의적 모델에 기초해서 해석하는 것이라기보다는 오히려 예술 체험이나 수사학적 모델에 기초해서 해석하는 것이다. 즉 진리에 대한 체험은 미학적이고 수사학적인 체험이라고 하겠다. 이것은 진리 체험을 주관적인 감정이나 정서로 축소시키는 것과는 아무런 관련도 없다. 반대로 그것은 진리와 기념물, 사회계약, 역사적 전승의 실체─헤겔적 의미에서의 객관 정신─사이의 연결을 인정하려는 첫걸음인 것이다. 그러나 바티모가 말하고자 하는 진리의 미학적 체험은 위의 것과 분리할 수는 없지만 다른 의미를 지니고 있다. 즉 진리의 발생은 단지 상식의 인정이나 강화는 아니라는 것이다.

미적 체험 안에서 진리의 체험을 함께한다는 것은 상식 이상의 것이다. 말하자면 그것은 보다 강렬하게 집중된 의미의 핵을 다루는 것인데, 이것만이 이미 존재하고 있는 것을 배가시키지 않으면서 비판할 수 있다고 주장하는 담론의 출발 가능성을 구성한다. 하지만 그것은 진리를 체험하는 "약한" 길이다. "약한 사유"는 진리를 소유하거나 전달하는 하나의 대상(object)으로 보지 않고, 하나의 지평 혹은 하나의 배경으로 보는 것이다.

3. 예술의 종언

한스 벨팅(Hans Belting, 1935~2023)은 『미술사의 종언?』[1] 서문에서 조르조 바사리(Giorgio Vasari, 1511~1574)에서 연원하는 발전사적 미술사관의 종언을 확인하며 미술사를 위한 새로운 모델 구축을 제안한다. 아방가르드에 의해 첫 위기를 맞았던 종래의 미술사는 근대미술과 전(前)근대미술이 따로따로 규정되기 시작하는 바로 그 지점에서 파산했기 때문이다.

1979년 2월 15일 파리의 퐁피두 센터에서 있었던 에르베 피셔(Hervé Fischer, 1941~)의 퍼포먼스는 벨팅에게 미술사의 종언을 몸으로 확인하는 자리가 되었다. 그날 피셔는 눈높이로 매달아 놓은 하얀색 코드를 반으로 절단하며 마이크에 대고 "오늘로서 미술의 역사는 종말을 고하며 우리는 이벤트의 시대, 역사 이후의 예술(post-historical art)의 시대, 메타 아트의 시대로 돌입한다."라고 선언했다. 피셔의 이 행위는 벨팅에 의하면 죽은 것은 미술이 아니라 직선적인 발전의 논리, 새로운 것을 향한 진보의 논리로서의 미술사라는 것이다.

벨팅에 따르면 오늘날 작가는 루브르미술관에서 걸작을 연구하는 것이 아니라 대영박물관에서 인류의 역사를 훑어보

---

[1] Hans Belting, *Das Ende der Kunstgeschichte?*, tr. Christopher S. Wood, *The End of the History of Art?* (Chicago: University of Chicago 1978). 민주식 「"미술사의 종언"에 관한 고찰」『미술사학보』 11 (1998) 참조.

고 있다. 그것은 보편적이며 인류학적인 관심이 배타적인 미적 관심을 압도하고 있기 때문이다. 그럼으로써 예술과 인생 사이에 오래전부터 있어왔던 적대감은 사라졌다. 벨팅에게 지금 중요한 것은 "무엇이 이미지를 만들고 있는지, 또 무엇이 그 이미지를 특정한 시점에서 납득할 만한 진리의 형상으로 만드는지"를 알아보는 것이었다. 인간 사회에서 미술의 역할도, 개개의 미술 작품의 성질—이미지로서의 위치—도 항상 변화하고 있기 때문이다. 그러므로 벨팅에게 있어서 "예술로부터 이미지로의 전환"은 중요한 관건이 된다.

바사리와 그 유산: 과정으로서의 미술사?

『미술사의 종언?』 제2부 「바사리와 그 유산」에서 벨팅은 "미술에 역사가 있는가?"를 묻는다. 미술은 오직 완결된 작품 속에서만 존재한다. 베네데토 크로체(Benedetto Croce, 1866~1952)는 그래서 작품을 고도(孤島)라 불렀다. 그런데 사람들은 언제부턴가 작품을 작가의 작품이 아니라 미술의 작품으로 생각하기 시작했다. 개개의 작품을 넘어서 존재하는 '미술'이란 개념은 작품의 완결성을 무시하고 작품을 미술이라는 길가에 늘어선 하나의 간이역으로 만들어버렸다. 작품들은 이제부터 정해진 미적 규범을 달성해야 했고 달성에 이르기까지의 모든 과정들은 잠정적인 것이 되어버렸다. 달성해야 할 규범들 중에서 가장 잘 알려진 것은 "고전적(classical)"이라는 규범이었다. 역사는 그렇게 설정된 규범에의 접근을 진보라고 하고, 그 규범으로부터의 후퇴는 퇴보라고 해석했다. 헤겔은 『미학(Ästhetik)』(1835)에서 이렇게 말한다.

> 각각의 예술은 예술로서의 개화기, 완벽한 발전기, 달리 말해 이 완성기에 선행하는 역사와 후속하는 역사를 동반하는 고전기를 가지는 것을 전제로 한다.

그러나 헤겔 미학은 '정신'이 세계를 소유하는 과정에서 예술의 위치를 과도기적 단계에 가져다 놓음으로써 "예술의 과거성"이란 논란을 불러일으켰다.

바사리는 『미술가 열전(Le vite de' più eccellenti pittori, scultori e architettori italiani)』(1550/1568) 제2부 서론에서 "인생의 스승으로서의 역사"라는 상투구에 호소하며 자신의 저작이 지닌 교훈적인 가치를 강조한다. 그는 르네상스라는 새로운 미술의 대두를 통해 고대의 재생을 보았다. 그에게 고대와 자연은 미술을 거기에 비추어 보아야 할 이상형이었다. 자연은 순환이라는 자연법칙을 부여하고, 고대는 이 순환이 미술에도 적용된다는 것을 확증했다. 비잔틴미술과 고딕미술은 당연한 결과이긴 하지만 이 순환 밖으로 밀려나게 되었다.

바사리는 이 새로운 미술의 시기를 셋으로 나누었다. 그래서 조토 디본도네(Giotto di Bondone, 1267~1337)는 유년기에, 마사초(Masaccio, 1401~1428)는 청년기에, 그리고 레오나르도 다

빈치(Leonardo da Vinci, 1452~1519)와 미켈란젤로(Michelangelo, 1475~1564)는 성숙기에 해당되었다. 바사리는 이 제3기(성숙기)에 예술이 자연을 정복했다고 믿었다. 그런데 바사리의 문제는 성경 이후, 즉 조토 디본도네 이전의 미술사를 어떻게 쓸 것인가 하는 것이었다. 문제는 또 있었다. "규범을 결정하는 것은 누구인가? 규범은 어떻게 달성될 수 있는가?" 등등. 바사리는 규범이 미술의 발전과 함께 끊임없이 스스로 변화하고 있다는 사실을 감추고 있었다. 즉 규범이라는 것은 한 과정의 고정된 종점 혹은 모든 운동이 거기서 정지하는 종착점이 아니다. 벨팅은 미술사에 하나의 단일한 과정만이 존재한다고 보지 않는다. 존재하는 것은 항상 방향을 바꾸며 서로 교대하고 있다. 그러나 그 내적인 연속에 있어서는 어떤 수미일관적인 다양한 과정들이 여럿 있다. 이 수미일관성은 처음부터 고정되어 있는 것이 아니라 계산 밖의 외적인 요소가 항상 과정의 지속성, 기간, 속도, 방향에 작용해 나타난 것이다. 벨팅에게 있어서 작품은 무엇보다도 미술의 증인이 아니라 바로 인간의 증인이었다.

예술인가, 예술 작품인가

절대 미학이 더 이상 유지되지 않는 현대사회에서 학문적 연구 대상이었던 이상미라는 주제는 개개의 예술 작품으로 대체되었다. 그리고 '예술' 자체에 대한 철학적 개념의 종언은 작품 해석학의 시작을 알렸다. 이제 학문의 목표는 예술이라는 이상의 옹호가 아니라 오히려 방법으로서의 해석이 되어버린 것이다. 벨팅이 미술 작품이 미술의 증인이 아니라 인간의 증인이라고 말하는 이유가 바로 여기에 있다. 미술 작품은 역사적 기록이며 예술적 형태는 역사적 형태이다.

'양식'이라는 개념이 중심적 위치를 잃어버린 지금 우리의 관심을 끄는 것은 "이미지를 이미지로 만드는 것은 무엇인가?" 하는 것이다. 우리가 보는 것은 순수한 형태 그 자체가 아니다. 이미 생명과 의미를 지닌 형태이다. 이미지의 내용과 그 형태와의 관계는 심리학의 영역을 넘어서 있다. 다시 말하면 이미지가 '어떻게' 전달되는가를 보여주기 위해서는 먼저 그 이미지로 '무엇'이 전달되는가를 알아야 한다. 그러므로 "예술로부터 이미지에로"는 벨팅의 미술사관을 이해하는 하나의 키워드인 셈이다.

현대사회에는 많은 이미지가 통제 불가능한 복제와 인용으로 범람하고 있다. 이미지의 인플레이션이야말로 이미지의 타당성 상실을 가져오는 주범이다. 또 이미지의 제한 없는 소비는 우리의 현실감을 모르는 사이에 갉아먹고 있다. 롤랑 바르트(Roland G. Barthes, 1915~1980)가 『밝은 방: 사진에 대한 노트(La Chambre claire: Note sur la photographie)』(1980)에서 말하듯이 현대인은 종교적·윤리적 이상보다 이미지에 더 복종하고 있다.

미술사의 새로운 가능 영역

벨팅에 의하면 예술적 형태만이 미술사학의 유일한 영웅은 아니다. 그가 제안하는 미술사학의 새로운 접근 가능성으로는 다음과 같은 것들이 있다. 첫째, 인문과학들 사이의 대화. 둘째, 사회학적 연구. 특히 기능 분석은 작품을 그와 관련된 세계에 다시 결부시킨다. 셋째, 수용미학. 현대의 해석자는 자신의 예술 경험에 의해서도 영향을 받는다. 넷째, 문맥 안에서의 예술. 현대미술은 미의 자율성이란 경계를 돌파하며 예술과 인생 사이의 갈등에 종지부를 찍는다. 다섯째, 미디어론. 복제와 현실, 미디어와 사실 사이의 경계가 불명료한 오늘날, 자연을 대체한 미디어는 친숙한 지각의 틀을 부수는 도전을 하고 있다. 여섯째, 보편적인 미술사. 미술은 양식의 형태적 연속이 아니라 다양한 기능의 목록을 가진 사회와 문화의 연속이기도 하다.

불변의 예술이 영원히 존재한다고 확신하지 못하게 된 오늘날 "예술 이전의 역사"에 호기심을 가지는 것은 정당한 일이라고 벨팅은 말한다. 그것은 관념론 때문에 오랫동안 들어가볼 수 없었던 자명하지 않은 영역을 이해하려는 노력이기도 하다. 무엇보다 그것은 미술과 미술을 이용하는 대중 사이의 유대를 복권시키는 일이다. 이 유대가 예술적 형태를 어떻게, 어떤 의도를 가지고 결정했는가가 고찰의 대상이 된다. 벨팅의 화제작이었던 『중세에서 이미지와 대중: 초기 수난 회화 형태와 기능(Das Bild und sein Publikum im Mittelalter: Form und Funktion früher Bildtafeln der Passion)』(1981) 및 그의 연구를 집대성한 『이미지와 예배: 예술 시대 이전의 이미지의 역사(Bild und Kult: Eine Geschichte des Bildes vor dem Zeitalter der Kunst)』(1990)는 그러한 고찰의 알찬 결실로 보인다.

현대 미술의 다양성

현대는 전통의 상실과 변화를 체험하는 시대다. 이제 무엇이 자명한 규범인지는 끝이 났고 통일된 개념은 사라져버렸다. 그렇기에 우리는 보다 폭넓은 미술 개념, 다양한 미술 개념으로 나아가야 한다고 벨팅은 말한다.

해럴드 로젠버그(Harold Rosenberg, 1906~1978)는 『미술의 탈정의(The De-Definition of Art)』(1972)에서 미술은 공업 기술의 진보나 발전처럼 전진하는 것이 아니라고 말한 바 있다. 현대 미술의 세계는 오히려 '비무장지대'라는 것이다. 이 완충지대야말로 선구자의 비타협과 범속한 편견이라는 쌍방의 공격에 대한 면역을 갖추고 있다. 그렇기에 이 비무장지대에서는 모든 예술이 아방가르드인 것이다. 그러나 로젠버그가 말하는 "대용(代用) 아방가르드"는 어느 사이에 대중문화에 흡수되어 버리고 그 반대편에는 "개념예술"의 변종들이 줄지어 서게 되었다. 로젠버그는 『불안한 물체(The Anxious Object)』(1964)에서 낯익은 전통 이해와 새로운 역사의식을 이렇게 구별한다.

전통을 역사의식으로 바꾸는 것은 다양한 가능성을 끊임없이 선택하지 않으면 안 된다는 것이다. 과거의 일방통행에서 해방된 미술은 끊임없는 불안과 하나가 되었다. 이 불안은 모든 자유인이 받아들여야 하는 가능성이라는 고뇌와 결부되어 있다.

현대미술은 단지 출구가 보이지 않는다는 이유로 양식과 가치의 다원주의 안에서 살아가고 있다. 그러나 벨팅은 현대미술이 어떠한 묵시록적 문화 비관주의에도 빠지지 않길 바란다. 이 새로운 황무지에서 끊임없는 오해 속에 자신의 몸을 드러내고, 쉽지만은 않은 선택을 해야 한다는 것이다. 우리의 현실은 고매한 해석자가 관리하는 걸작품들만 진열한 "공상의 미술관"이 아니다. 현대 작가들은 미켈란젤로 같은 "위대한 주제들"로부터 퇴각하여, 일상적이고 사적인 환경에서 살아가는 역사적 인간을 발견한다. 미술은 이제 그러한 역사적 인간과 세계상의 의문을 독자적이고 특수한 진리와 메시지 안에서 접근해가는 영원한 실험이 되었다.

4. 인간 복제 시대의 예술 작품

사라져가는 아우라

누구나 예외 없이 한 번뿐인 인생을 산다. 운명의 일회성이야말로 사람을 사람답게 만든다. 이 '한 번'에 사람은 자신의 모든 것을 걸기 때문이다. 이러한 사람 중 '하나'인 나는 한 세기말에 아니 한 밀레니엄의 끝자락에 분단된 한반도, 그것도 누구 말대로 "생득적으로 실향민"이 될 수밖에 없는 서울에서 태어나 새로운 천 년을 맞는다.

돌이켜보면 삶이 한 번뿐이라는 것은 얼마나 경이로운 일인가. 이제는 돌아갈 수 없는 첫사랑의 설렘처럼 모든 만남에는 '단 한 번만'이 지닌 떨림이 있다. 비록 내일 다시 그대를 만나게 되더라도 내가 오늘 만나는 그대의 얼굴은 하나의 설렘이다. 또 오늘 본 그 얼굴은 다시 돌아오지 않는 기억의 강물 속에 영원히 잠겨버릴 것이기에 오늘 보는 그대의 얼굴이야말로 영원의 얼굴이다. 그리고 내일 다시 내게 하나의 설렘으로 다가올 영원의 얼굴은 누구일까? 거리와 지하철 안에서 그저 스쳐 지나가는 무수한 얼굴들을 바라본다. 스쳐만 지나가는 무수한 영원의 얼굴들을 바라보는 것처럼 무상한 일이 또 있을까. 서로 한번 불러보지도 못하고 그대와 나는 그렇게 영원 한가운데를 스쳐 지나간다.

아우구스티누스(Augustinus Hipponensis, 354~430)의 말대로

우리의 시간 의식에는 기억(retentio)과 주시(注視, intentio)와 기대(protentio)라는 세 차원이 있다. 끊임없이 기억 속으로 흘러드는 현재는 다시 기대들로 채워진다. 그러니 현재의 주시는 무엇이든지 간에 영원한 것이다. 어린 시절 해 질 녘 강변에 나가 "울음이 타는 가을 강"을 한없이 넋을 잃고 바라보던 때가 있었다. 덩달아 마음도 불붙은 강물처럼 끝없이 일렁거렸다. 그 일렁거리는 황금빛 비늘들을 주워 올리며 나는 그때 이 세상 어느 누구보다 풍요로운 부자일 수 있었다. 40대 후반 피레네 산중에서 자살함으로써 나치의 집요한 추적을 뿌리친 발터 벤야민(Walter Benjamin, 1892~1940)이 말했던 "아우라(Aura)"의 독특한 분위기를 단 한 번만이라도 가져본 적이 있는 인생은 결코 삶의 무게를 느끼지 않는다.

자기로의 귀환

플로티노스에 의하면 일(一)에서 발출한 다(多)의 세계는 분산·소멸하는 것이다. 그러므로 다의 세계로 내려온 우리의 영혼도 흩어져 사라지기 전에 자신의 시원인 일자(一者)에게 귀환해야 한다. 일자는 영혼의 출발점이자 목적지다.

네오플라토니즘 철학은 마니교에서 떠난 후 회의주의자가 되었던 아우구스티누스에게 회심으로 이르는 중요한 표지가 되었다. 내면성과 초월로의 길이 처음 열렸던 것이다. 일(一)과 다(多), 그 어느 쪽으로도 갈 수 있는 자유로운 영혼은 이제 이 세상의 조화나 균형 그 위에서 빛나고 있는 사랑스러운 것에게 눈길을 돌린다. 즉, 영혼은 미와 선에 대한 사랑으로 불타올라 그와 닮은 것으로 변화해가며 자신이 그 높은 것의 한 부분임을 확신한다. 그러나 그러기에 앞서 영혼은 먼저 신과 같이 되고 아름다워지지 않으면 안 된다. 마치 눈이 먼저 해처럼 되지 않고서는 해를 바라볼 수 없듯이.

영혼의 일자에로의 귀환은 먼저 자기 내면으로의 귀환이다. 가지마 쇼조(加島祥造)라는 일본 시인이 있다. 그가 언젠가 『아사히 신문』의 '자신과의 만남'이란 난에 쓴 글이 기억난다.

나는 만년에 이르러서야 가까스로 새로운 자신과 만났다. 청년기에 조금 시를 쓸 수 있었으나 그 후로는 그만두고 말았다. 60대에 들어서 다시 시를 쓸 수 있게 되었고 그 후 15년간 네 권의 시집을 냈다. 나는 소학교 시절 미술 선생님에게 웃음을 산 후 결코 붓을 쥐어본 적이 없었다. 50대 후반에 들어서 문득 다시 그림을 그리기 시작했다. 몇몇 화랑 주인의 도움으로 지금까지 스무 번의 개인전을 열었다. 만년에 이르러 시를 쓰고 그림을 그릴 수 있게 되었다는 것, 이것은 내가 이전에 전혀 예기치 못했던 기쁨이었다. 옛 자신이 놀란 눈으로 새로운 나를 보고 있고, '자네 정말인가?' 하고 중얼거리기도 한다. 나는 10년 전부터 신슈(信州)에 살고 있다. 도쿄 번화가에서 자란 놈이 자연에 둘러싸인 촌에서 혼자 지내다 보면 또 다른 자신을 자각하는 일이 종종 있다. 가령 해 질 녘 논둑길을 홀로 걸어 돌아올 때 새로운 자신을 보고 있는 옛 자신을 느낀다. 이러한 놀람의 자각이 이곳에서 시와 그림으로 엮어지는 것이다. 늙는다는 것은 새로운 자신과 계속해서 만나는 일이다.

복제와 예술

새천년의 길목에서 많은 우려와 관심을 모았던 일들 중 하나가 '인간 복제 문제'다. 인간 복제는 수렴하기보다 분산해가는 현대 추세의 결정판처럼 보인다. 미술사가 한스 제들마이어(Hans Sedlmayr, 1896~1984)는 이미 오래전 저서 『중심의 상실(Verlust der Mitte)』이라든가 『빛의 죽음(Der Tod des Lichtes)』 등을 통해 암울한 현대 회화를 비판한 적이 있다. 또 1940년대 아도르노(Theodor L. W. Adorno, 1903~1969)와 호르크하이머(Max Horkheimer, 1895~1973)는 『계몽의 변증법(Dialektik der Aufklärung)』에서, 이제 모든 것은 "원작의 빛남"보다는 "번역의 정교함"에 의해서 이해되며, 자본주의적 문화 산업에서 계몽은 사멸했다고 결론 짓는다. 도쿄대학 하스미 시게히코(蓮実重彦) 전 총장은 한 심포지엄에서, "만화와도 같은 표상 형태들을 어떻게 받아들여야 하는가?"가 작금의 문제라고 지적했다. 현대사회에서 우리는 반복되는 이미지들과 어울려 지내지 않을 수 없기 때문이다. 반복과 복제에 대해서 과연 우리는 어떠한 태도를 취해야 할까?

발터 벤야민이 이미 1935년 『기술 복제 시대의 예술 작품(Das Kunstwerk im Zeitalter seiner technischen Reproduzierbarkeit)』에서 지적한 대로, 기술 복제 시대에 예술 작품이 위축되는 것은 그 작품이 지닌 아우라 때문이다. 아우라란 "아무리 가까이 있다손 치더라도 단 한 번 나타나는 머나먼 것"이다. 머나먼 것은 본질적으로 가까이 할 수 없는 것이며 가까이 할 수 없다는 것은 예배의 중요한 특성이다. 그것은 아무리 가까이 있다고 하더라도 여전히 먼 채로 남아 있다. 벤야민은 현대 대중의 정열적 성향이 모든 사물을 공간적·인간적으로 더 가까이 끌어당기고 있으며 이것이 바로 아우라의 쇠퇴를 가져왔다고 말한다. 복제를 이용하여 지척의 대상을 장악하려는 욕구가 나날이 증대되고 있는 것이 현실이다.

예술 작품이 가지는 유일한 아우라가 종교 의식의 기능에서 독립해본 적은 한 번도 없었다. "예술을 위한 예술"이라는 세속적 미의 종교에서조차도. 그런데 제의에 기생하던 존재로서의 예술이 역사상 최초로 해방을 맞이한 것은 바로 이 복제를 통해서였다. 옛 작품들은 예배 가치(Kultwert)의 절대적 중요성 때문에 마법의 도구가 된다. 그러나 오늘의 작품들은 그 전시 가치(Ausstellungswert)의 절대적 중요성으로 인해 완전히 새로운 기능을 지닌다. 예술이 번영할 수 있었던 유일한 영역인 아름다운 빛은, 아우라는 이제 사라져버렸다. 이는 초상화와 사진을 비교해보면 금방 알 수 있다. 또 연극 배우가 현장과 현재에 묶여서 몸 전체로 보여주던 아우라는 영화 제작 스튜디

오에서는 찾아볼 수 없다. 배우가 소도구처럼 되어버린 것이다. 이는 마치 무당과 외과의사의 치료 과정과도, 화가와 카메라맨의 관계와도 같다. 화가가 전체적인 이미지를 취하는 데 비해서 카메라맨은 여러 개로 토막 난 이미지들을 어떤 새로운 법칙으로 취한다. 캔버스는 관찰자를 사색의 위치로 초대하지만 스크린은 관찰자가 사색할 수 있는 자리를 점령해버린다. 관찰자의 눈이 한 장면을 붙잡자마자 그 장면은 이미 다른 장면으로 바뀌어버리기 때문이다. 벤야민이 인용한 소설가 뒤아멜(Georges Duhamel, 1884~1966)의 발언을 다시 인용해보자.

> 그것은 노예들을 위한 심심풀이, 무식하고 비참한, 근심 걱정으로 초췌해진, 일에 지친 인간들을 위한 기분풀이다. (…) 어떤 정신의 집중도 요구하지 않으며, 어떤 사고 능력도 전제하지 않는 하나의 구경거리다. (…) 사람들의 가슴속에 어떤 등불도 타오르게 하지 않는, 어느 날 로스앤젤레스의 스타가 될 것이라는 가소로운 희망 외에는 어떤 희망도 불러일으킬 수 없는 구경거리다.

예전의 예술 작품은 관찰자에게 작품 속으로의 집중을 요구했다. 그러나 현대의 산만한 대중들은 작품을 자신 속으로 침잠시키고 있다. 과연 예술은 복제에 의해 대중에게 개방된 이래 조락하고 만 것일까? 복제에 의해서 전통적인 가치가 깨끗이 청산된 오늘날 예술은 다만 대중사회의 공동 환상에 지나지 않는 것일까?

신비에의 노스탤지어

현대 일본을 대표하는 철학자 이마미치 도모노부(今道友信, 1922~2012)[1]는 스물여덟 살이던 1950년 「사랑과 언어의 실존적 고향으로서의 성령: 향수의 신학」이라는 장문의 논문을 탈고한다. 그는 향수(nostalgia)를 귀향(nostos)에의 실존적 병리로 보았다. 향수는 현실 혐오기라기보다는 타자에 대한 동경의 파토스이다. 있어야 할 고향, 알지 못하는 고향에의 향수는 사람이면서 하느님이신 그리스도의 존재가 우리에게 눈으로 보고, 귀로 듣고, 손으로 만질 수 있도록(1요한1~3) 주어져 일어나는 의식이다. 그러나 하느님 나라에의 실존적 향수는 그리스도에 의해 직접 의식되는 것이 아니라 인류애와 성경 말씀에 기초한 언어에 의해 의식된다. 그리고 이 사랑과 언어의 주체는 그리스도께서 보내시는 성령이다.

현대 세계에는 이제 신비 부재의 감각만이 남아 있다. 그것은 생명의 감각이 아니라 기계의 센서에 불과하다. 현대인들은 책의 지면 저편을 사색하는 대신, 액정 화면을 질주하는 정보의 기호들에 반응하는 로봇이 되어버렸다. 거기에는 동일성이 자기를 소성(塑性)하리라는 희망도, 차이성이 자기를 전개하리라는 기대도 없다. 일상이 타자를 향하여 성장·쇠퇴

---

[1] 이마미치에 대해서는 그의 학문적 자서전이라고도 할 『知の光を求めて』(東京: 中央公論社 2000) 참조.

하면서 동일성과 차이성이 교착하고, 그저 완벽한 동형적 타자의 무한 반복만 요구될 따름이다. 앤디 워홀(Andy Warhol)의 동형 반복에서 일상의 장식적 정착이 성공했다고 여기는 사람이나, 왜소한 자기 만족의 기계적 재생이 정확히 투영되는 모습에서 전율을 느끼는 사람이나 다 같은 예술을 즐기고 있지만 신비에의 향수가 있느냐 없느냐에 따라 판이한 해석을 내릴 뿐이다.[2] 칸트는 별이 빛나는 밤하늘을 보고 옷깃을 여몄다. 이제 그러한 밤하늘은 도시 문명의 휘황찬란한 네온사인으로 대체되어버렸다. 19세기 말 니체의 예언대로 기어이 "별을 모르는 시대"가 오고 만 것이다.

20세기에는 종교예술이라기보다 "영성예술"이라 부를 만한 것들이 태어났다고 이마미치는 말한다. 종교예술이 명시적 재현 예술로서 교의나 하느님의 역사적 은총의 사건들을 취급해왔다면, 영성예술은 주로 불안·무의식·공포 등 내면의 토로를 예술적으로 배양해온 일련의 작업을 통해, 특정한 종교적 제재(題材)는 아니지만, 특정 신앙에서 발하는 갖가지 내적 기복을 영성의 예술로 표현해왔다는 것이다.[3] 마크 로스코(Mark Rothko)나 앤터니 곰리(Anthony Gormley)의 작품들은 이러한 특징들을 여실히 보여준다.

---

2 今道友信「靈性と芸術」, p. 12.
3 같은 책, pp. 14~15.

5. 아름다움의 신학을 향하여

예수회의 존 나보네(John Navone, 1936~2016) 신부는 『아름다움의 신학을 향하여(Toward a Theology of Beauty)』를 1996년에, 『하느님의 아름다움을 즐거워함(Enjoying God's Beauty)』을 1999년에 각각 세상에 내놓았다. 이들 신학적 미학에 관한 두 저서는 제목 그대로 아름답고 즐거운 책이다. 로마 그레고리오대학과 미국 예수회 대학들에서 신학을 가르치는 그가 미학과의 어떤 접점을 모색한 것은 어찌 보면 지극히 당연한 일이기도 하다. 그리스도교 사상이나 영성은 언제나 "관상(觀想, contemplatio)의 기쁨이란 다름 아닌 만물 안에 우리를 위해 마련하신 하느님 사랑의 광채를 즐거워하는 것"이라고 가르쳐왔기 때문이다. 나보네는 "만일 행복 자체이신 하느님께서 자신의 진리를 알고, 자신의 선함을 사랑하며, 자신의 아름다움을 즐기고 계시다면, 하느님과의 친교는 바로 그분의 진리를 알고, 그분의 선함을 사랑하며, 그분의 아름다움을 즐기는 것"이라고 말한다.[1] 바로 이것이 그가 『아름다움의 신학을 향하여』를 쓴 근본 취지이기도 하다. 이제 아름다움은 신학과 환경에 관한 담론에서도 시의적절한 화제로 자리 잡아가고 있다. 나보네의 두 저서는 아우구스티누스와 토마스 아

---

1 John Navone, *Toward a Theology of Beauty* (Minnesota: Liturgical Press 1996) ix.

퀴나스(Thomas Aquinas, 1224년경~1274), 요제프 피퍼와 한스 우르스 폰 발타자르, 그리고 버나드 로너건(Bernard Lonergan, 1904~1984) 등 고금의 기라성 같은 그리스도교 사상가들에 대한 해박한 지식을 바탕 삼아 "눈으로 보는 구원"인 아름다움을 거짓 심미주의와 잘 식별할 수 있도록 도와준다.

나보네는 책의 서론에서 "참된 아름다움은 참된 벗과 같이 그 매력으로 우리를 궁극적 행복과 완성으로 이끌어주지만, 거짓으로 유혹하는 아름다움은 거짓 친구처럼 우리를 불행과 자기 파멸로 이끈다."라고 말한다.[2] 그런데 토마스 아퀴나스에 의하면 참된 아름다움은 형태와 빛의 합류점에서 발생한다. 형태는 감각을 통해서 지각되고 이해되는 것이나 그 형태가 지닌 빛남과 깊이는 어떤 범주나 개념을 통해서는 표현될 수 없는 것으로 이는 오로지 신앙의 눈으로만 지각된다. 이제 『아름다움의 신학을 향하여』에서 다루는 내용들을 간략하게나마 살펴보도록 하자.

창조와 만물의 아름다움

아우구스티누스는 "사물이 존재하는 것은 하느님께서 그것들을 바라보고 계시기 때문인 반면, 우리는 그것들이 존재

---

2 같은 책, vi.

하기 때문에 바라본다."라는 묘한 말을 남겼다. 하느님께서 바라보신 만물은 보시기에 "참 좋았다."(창세1,31)³ 하느님께서 만물을 '사랑의 눈'으로 바라보셨기 때문이다. 관상이란 다름 아닌 '사랑의 응시'이다. "누군가 그대를 사랑해주기 전까지 그대는 아무것도 아니었다."라는 노래 가사가 있다. 존재는 아이들처럼 사랑을 받아야만 성장할 수 있다. 만일 사랑이 타자의 완성과 행복과 선익을 기뻐하는 것이라면 이는 곧 우리에 대한 창조주의 사랑의 증거가 된다. 우리는 지금도 사물들의 진선미를 통해서 우리를 향해 계시는 하느님의 애정어린 얼굴을 관상할 수 있다. 그리고 그 얼굴에서 쏟아지는 빛을 통해서 마찬가지로 하느님께 사랑받고 있는 삼라만상을 관상할 수 있다. 즉 삼라만상을 하느님의 사랑을 반사하고 중개하는 매개체로 관상하는 것이다.

아름다움 자체의 닮은꼴

무엇보다 결정적인 사실이 하나 있다. 성자께서는 성부의 형상(Icon)이시라는 것이다. 그 성자의 형상에 따라 만들

---

3 今道友信 「靈性と芸術」, pp. 3~4. 「창세기」 1장을 보면, 하느님께서는 하나하나 창조하신 뒤 "좋았다(quod esset bonum)."라고 말씀하시나, 인간을 창조하신 뒤에는 아무 말씀도 아니하셨다. 그러나 창조된 세계 전체를 보시고는 "참 좋았다(erant valde bonum)."라고 하셨다. 인간은 선악의 무기점(無記點, Indifferenzpunkt)에 서 있었던 것이다.

어진 우리의 형상이 이지러진 것은 "하느님처럼 되리라."라는 자기-기만 또는 자기-영광에 기인한다.[4] 뒤틀어진 우리 모습이 우리로 하여금 뒤틀어진 하느님 인식을 가지게 했다. 그러므로 성자께서는 "보이지 않는 하느님의 형상(골로1,15)"이심에도 불구하고 당신의 것을 다 내어놓고 스스로 종의 신분을 취하셔서(필립2,6~7) 새로운 창조의 만물이 되셨다. 옛 그리스 사람들은 노예를 "얼굴 없는 자"라고 불렀으며, 그리스 교부들은 이러한 성자의 구속(救贖) 사업을 "얼굴 회복 작업"이라고 해석했던 것이다. 성자께서 얼굴이 없는 우리에게 다시 성부의 얼굴을 되돌려주신 것이다. 이집트의 대 마카리오스(Macarius Magnus, 300~390년경)는 설교에서 이렇게 말한다.

그리스도의 얼굴에서 빛나는 영광의 형언할 길 없는 아름다움으로 온전히 비추어진, 그리고 성령으로 충만해진 영혼은 (…) 온통 눈이요, 빛이요, 얼굴이다.

동방 신학에서 말하는 신화(神化, theōsis)란 아름다움 자체이신 하느님의 만물을 변모시키는 능력이다.

---

[4] 「창세기」 1장 26절. "faciamus hominem ad imaginem et similitudinem nostram."

아름다움의 힘

그리스어 '아름다움(kalōn)'은 동사 '부르다(kaleō)'에서 유래했다. 아름다운 것은 언제나 매력이 있다. 그래서 아우구스티누스는 "오직 아름다운 것만이 사랑을 받으며, 우리는 아름다운 것을 사랑하지 않고서는 배길 수 없다."[5]라고 말한다. 아름다움에 대한 오래된 정의는 무엇보다도 "보기에 즐겁다(Pulchrum est quod visu placet)."라는 것이다. 독일어에서도 '아름답다(schön)'라는 형용사는 '보다(schauen)'라는 동사와 관련이 있는데, 그것은 '볼 만하다'는 뜻이다. 그러므로 볼 만한 것이 없는 곳에서는 참된 사랑도 있을 수 없다.

비잔틴교회 교리에 의하면 우리는 손상된 형상들이지만, 예수의 세례와 변모를 통해 본래의 아름다움을 회복한다. 십자가는 바로 죄 때문에 손상된 우리의 형상이다. 중세 교회가 악마를 반인반수(半人半獸)와도 같은 끔찍한 괴물로 그렸던 것도 이와 같은 맥락에서다. 그러나 초기 교회에서는 악마를 매력적인 청춘 남녀로 그렸다고 한다. 악마로부터 오는 고혹적인 아름다움의 힘[6]을 인간적인 아름다움으로 표현했던 것이다.

---

5 아우구스티누스 『고백록』 14, 3, 『음악론』 6, 13.
6 사실 이것은 매력(魅力)이 아니라 마력(魔力)이다.

아름다움: 하느님의 즐거움

우리의 삶이 하느님 안에 뿌리를 내리고 있다면 우리도 "하느님께서 보고 즐거워하셨듯" 할 수 있다. 그런데 하느님께서 보고 즐거워하시는 것은 곧 하느님 자신이다. 어떤 의미에서 하느님은 자신 이외에 아무것도 보지 않으신다고 토마스 아퀴나스는 말한다.[7] 마음이 깨끗한 이들이 행복한 것은 그들이 무엇을 보든지 그것이 바로 하느님이기 때문이다. 다리가 뒤틀린 사람이 아무리 제대로 걸으려 해도 비틀거릴 수밖에 없는 것처럼, 마음이 기형(deformation)인 사람들은 선하고 아름다운 사물들에서도 어둠을 본다. 예수의 부르심은 우리의 기형을 변형(transformation)시켜 하느님의 형상으로 재형성(reformation)하시려는 의지의 표현이다. 그러므로 중요한 것은 우리가 하느님의 뜻에 일치(conformation)해야 한다는 것이다.

소설가 도스토옙스키(Fyodor Mikhailovich Dostoevsky, 1821~1881)는 "이 세상에는 절대적으로 아름다운 단 하나의 얼굴이 있으니 그것은 예수 그리스도의 얼굴"이라고 했다. 그리고 육화는 그 아름다우신 분의 현현(顯現)이다. 그는 그리스도 예수의 신-인(神-人)적 아름다움을 언급하며 오직 "아름다움만이 세상을 구원할 것"이라고 공언한다. 정교회 신학자인 파

---

7 토마스 아퀴나스『신학대전』I, q.14; a.5.

벨 에프도키모프(Pavel Evdokimov, 1901~1970) 또한 "현대인의 영혼을 파고든 공허와 지옥은 바로 부활의 빛을, 다시 말해 성령의 빛을 폭발시키기 위한 섭리적인 자리"라고 말한다. 그는 이것을 하느님의 아름다움이라는 신적 광채의 폭발로 그리고 있다.[8]

창조계는 아직 미완성 상태에 있는 만큼 하느님은 우리가 혼돈(chaos)에서 우주(cosmos)로, 무형의 상태에서 참된 형상의 찬란한 모습으로 변화하도록 부르고 계시다. 하느님이라는 절대 의미에 대한 사랑이 우리가 무엇이 되느냐를 결정한다. 존 매쿼리(John Macquarrie, 1919~2007)는 「요한의 복음서」 머리말을 "모든 것의 근저에는 의미(Logos)가 깔려 있다."라고 설명하면서 하느님의 궁극적인 승리를 알기 쉽게 풀이한다.[9] 인간은 어떤 완성을 필요로 하며, 무수한 형태를 지닌 하느님의 자기 헌신적인 사랑을 통해 그 완성을 부여받는다. 하느님의 이 아름다운 사랑의 빛을 따뜻하게 맞아들여야만 물질세계를 변모시킨 타볼산의 광채를 정화된 눈으로 응시할 수 있을 것이다.

---

[8] Pavel Evdokimov, *The Art of the Icon* (California: Oakwood Publications 1990) v~vi.

[9] John Macquarrie, *Word and Idea* (Florida: St Leo 1970) p. 7.

아름다움의 그리스도교적 체험

아름다움의 체험은 곧 신앙 체험이다. 그리스도인의 사랑의 눈은 "모든 일이 서로 작용해서 좋은 결과를 이루는"(로마 8,28) 진선미의 광채를 감지한다. 이냐시오 데 로욜라는 "모든 것 안에서 하느님을 발견한다."라고 말한다. 이는 결국 모든 것 안에서 우리를 향한 하느님의 사랑을 발견한다는 말이다.

한스 우르스 폰 발타자르는 하느님 영광의 지각이 아름다움 자체를 위한 그리스도교적 탐구에 영감을 불러일으켰음을 그의 대작 『영광』[10]에서 여실히 보여주었다. 그에게 그리스도교 신학의 역사는 아름다움의 유형과 이론을 통해 하느님의 영광을 표현하고자 한 시도들의 역사였다.

하느님의 아름다움을 즐거워한다는 것

버나드 로너건에 따르면, 그리스도교 신앙인 '사랑의 눈(eye of love)'과 그리스도교 관상인 '사랑의 눈길(look of love)'은 하느님의 아름다움을 바라보는 즐거움을 담고 있다. 예수께서 맹인에게 시력을 되찾아주시는 이야기는 그분께서 우리에게 사랑의 성령을 부어주시어 우리가 사랑의 눈으로, 곧 신앙

---

10 Hans U. von Balthasar, *Herrlichkeit: Eine Theologische Ästhetik* (Einsiedeln: Johannes Verlag 1961~1968).

으로 우리 구원의 기쁨인 하느님의 아름다움을 참으로 즐거워하며 볼 수 있게 되었다는 뜻을 담고 있다.[11]

성경은 단지 읽기 위한 것이 아니라 사랑의 눈과 사랑의 눈길로 주님이신 그리스도를 관상하기 위한 도상(圖像, iconography)이다. 성경을 통하여 교회는 우리를 하느님의 완전한 형상(Image)인 예수 그리스도 안에 드러난 하느님의 진선미를 관상하도록 부른다. 그리하여 우리 또한 이웃에게는 하느님의 아름다우심의 살아 있는 형상이 되는 것이다.

참된 우정처럼 참된 아름다움은 항상 기쁨을 준다. 그리스도인은 하느님의 아름다움을 체험하고 그 아름다움을 내뿜는 형상이 되어 이웃에게 그 기쁨을 전달한다. 우리는 다른 이들 안에서 그리스도를 사랑하도록 불리었을 뿐만 아니라 그리스도 자신이 우리를 통하여 그들을 사랑하시도록 불리었다.

토마스 아퀴나스는 하느님께서 우리 마음을 만지어 우리를 당신 자신에게 이끄실 수 있는 것은 우리가 아름다움에 자신을 열 때라고 한다. 합리주의적 그리스도인은 개념의 명료성만으로 복음의 메시지를 전할 수 있다고 한다. 도덕주의적 그리스도인은 윤리만으로도 복음의 메시지를 전할 수 있다고 한다. 그러나 사람들을 사로잡고 자극하고 변화시키는 것은 믿고 사랑하고 기뻐하는 그리스도의 아름다움인 것이다.

---

11 John Navone, *Enjoying God's Beauty* (Minnesota: Liturgical Press 1999) vii.

그리스도를 즐거워하는 사람만이 그리스도를 알 수 있다. 그리스도를 즐거워한다는 것은 그리스도를 길이요, 진리요, 생명의 아름다움으로서 안다는 것이다. 사랑하는 이를 선물로 받아 가졌기에 우리는 기뻐한다. 아무도, 아무것도 사랑하지 않는 이는 기뻐하지 않는다. 우리 마음속에 사랑의 성령이 부어졌기에(로마5,5) 우리의 신앙과 관상은 기뻐하는 것이다. 사랑받는 이를 바라보는 사랑하는 이의 눈길은 얼마나 즐거워하고 있는가!

아우구스티누스는 사용하는 것(to employ, to use)과 즐거워하는 것(to enjoy)을 구별한다. 어떤 것을 사용한다는 것은 우리가 즐거워하는 것을 얻기 위하여 그것을 수단으로 쓴다는 것을 의미한다. 그러나 어떤 것을 즐거워한다는 것은 그것을 그 자체로 받아들이고, 그 안에서 기쁨을 발견하는 것이다. 참된 우정만이 다른 사람들 안에서 그런 기쁨을 발견한다. 그리하여 토마스 아퀴나스에게 있어서 우정은 모든 법의 목적이자 완성이었다.

현세에서조차 사랑하는 사람을 바라보는 것은 우리를 행복하게 한다. 카를 라너(Karl Rahner, 1904~1984)의 지적처럼 우리는 중립적인 태도로 하느님을 알 수 없다. 중립적인 지식, 즉 객관성은 철학적 추상에 지나지 않기 때문이다. 인간의 인식은 지성적인 동시에 정감적(affective)이다. 하느님에 대한 구체적인 지식은 오직 사랑에서 나온다.

2장

발타자르와 신학적 미학의 구상

Hans Urs von Balthasar

이 장에서는 한스 우르스 폰 발타자르는 누구이며 그의 신학적 미학(theological aesthetics)이란 무엇인가를 살펴보고자 한다.

유럽 정신사의 흐름에서 신학과 철학이 분리되기 시작한 것은 14세기경[1]이며, 철학에서 다시 미학이 갈라져 나온 것은

---

1   Frederick C. Copleston, *A History of Philosophy* 2: *Mediaeval Philosophy* (1962), 박영도 역 『중세철학사』 (서광사 1988) pp. 402~403; pp. 692~703. Johannes H. Hirschberger, *Geschichte der Philosophie* (1965), 강성위 역 『서양철학사(上)』 (이문출판사 1984) pp. 649~651. 코플스턴에 의하면, 토마스 아퀴나스가 신학과 철학에 대해서 하나의 형식적이고 방법론적인 구별을 했다는 것은 의심할 수 없는 사실이다. 신학과 철학의 근본 차이는, 신학자는 자신의 원리를 '계시'된 것으로 받아들이고, 대상을 계시되었거나 계시된 것에서 연역될 수 있는 것으로 고찰하는 반면, 철학자는 자신의 원리를 '이성'에 의해서만 이해하고, 대상을 이성의 자연적인 빛에 의해서 이해할 수 있고 또 이해된 것으로 고찰한다는 데 있다. 그렇다고 토마스 아퀴나스가 신학으로부터 철학의 자립을 예상했다든가 바라고 있었다는 것은 아니다. 그는 오히려 그리스철학과 그리스도교 신학을 완전한 의미로 종합하고자 했다. 즉 철학은 신학에 비추어져 고찰되고, 신학은 상당한 정도까지 철학의 사고 형식으로 표현되었던 것이다. 그에게 철학은 존재 일반에 대한 연구가 아니라, 자연 이성이 미치는 한에서의 하느님과 하느님의 활동에 대한 연구라고 해야 할 것이다. 그에게 하느님은 신학의 중심이자 철학의 중심이었다. 서로 다른 방법으로 도달할지라도 그 하느님은 같은 것이다. 철학은 신학의 시녀가 아니며, 철학과 신학 둘 다 하느님의 시녀(ancilla Dei)다. 그렇다면 철학과 신학이 분리된 시원은 토마스 아퀴나스가 아니라 유명론자(有名論者)이자 주의주의자(主意主義者)였던 오컴의 윌리엄에게서 찾아야 할 것 같다. 오컴의 윌리엄의 관심사는 하느님의 본성이 아니라 하느님의 힘(potentia Dei absoluta)이었다. 그는 세계가 이 힘에 의해서 질서 지어졌다고 믿었다. 그리고 이 힘에 대한 가르침은 이성의 영역이 아니라 신앙의 영역이다. 그러므로 이제부터는 존재의 유비를 통해 하느님께 이르는 길은 폐쇄되었고(이는 철학의 포기를 의미한다), 계시만이 남게 되었다. 이 프란치스코회 수도자의 아우구스티누스주의는 훗날 루터에게로 이어지는데, 루터는 자신을 가리켜 오컴학파 출신이라고 했던 것이다.

대체로 18세기 후반에 접어들면서부터였다.[2] 유(有, ens)의 초월적 특성들(proprietas transcendentalis entis)은 관념적으로만 구별되지 실제적으로는 구별되지 않음[3]에도 불구하고, 진선미는 유 안에서 실제적으로 하나임을 상실하고, 자율이란 명목 아래 각자 자기의 길을 감으로써 유에 대한 사유는 퇴락하고 말았다.[4]

발타자르는 3부작[5]으로 된 주저 제1부 『영광』에서, 그리

2　Władysław Tatarkiewicz, *A History of Six Ideas* (1980), 손효주 역 『미학의 기본 개념사』(미술문화 1993) pp. 33~39. 타타르키비츠에 의하면, 1750년을 전후해 유럽의 예술 개념은 옛 개념(technē, ars)에서 근대적인 개념(fine arts)으로 바뀌게 된다. 또 이 무렵부터 철학이라고 하는 모태에서 개별 과학들이 독립하기 시작한다. 坂部 恵 『ヨーロッパ精神史入門』 p. 29 도표 참조.

3　정의채 『형이상학』 (열린 1997) p. 116.

4　바티모는 이를 이미 약한 사유(il pensiero debole)라고 부른 바 있다. 니체-하이데거에서 시작된 약해진 존재론을 극복하기 위해 현재 그는 수난의 그리스도와의 연계를 모색하고 있다.

5　발타자르의 3부작은 모두 스위스 아인지델른의 요하네스 출판사에서, 영어 번역은 샌프란시스코의 이그네이셔스 프레스에서 나와 있다. 앞으로 주석에서 Glory라고 표기하는 부분은 7권으로 된 영역본 제1부를 가리킨다. 다음은 원작의 목차이다.

제1부 *Herrlicheit: Eine Theologische Ästhetik*
제1권 Schau der Gestalt(1961) | 제2권 Facher der Stile 1부 Klerikale Stile 2부 Laikale Stile(1962) | 제3/1권 Im Raum der Metaphysik 1부 Altertum 2부 Neuzeit(1965) | 제3/2권 1부 Alter Bund(1966) 2부 Neuer Bund(1969)
제2부 *Theodramatik*
제1권 Prolegomena(1973) | 제2권 Die Persone des Spiels 1부 Der Mensch in Gott(1976) 2부 Die Personen Christus(1978) | 제3권 Die Handlung(1980) | 제4권 Das Endspeil(1983)

스도교의 사유도 미(美)라는 전망을 상실함으로써 얼마나 궁핍해졌는지를 보여준다. 왜냐하면 진선미(verum, bonum, pulchrum)라는 이 세 초월자들은 서로 분리될 수 없는 것이며, 그중 어느 하나를 무시할 경우 나머지 둘은 곧바로 황폐해지기 때문이다.[6]

가톨릭교회가 교부 연구를 통해 철학과 신학 분리 이전의 에너지를 다시 흡수하고, 시대의 충실한 증언자가 되려고 했던 것은 제2차 바티칸 공의회(1962~1965)가 열리기 전인 1940년 무렵이다. 프랑스를 중심으로 일어난 이른바 신신학(新神學, Nouvelle Théologie)의 기수는 예수회의 앙리 드 뤼박(Henri de Lubac, 1896~1991)이었는데, 그는 신학을 철학의 세계에 열어 보임으로써 학계에 신선한 영향을 주었으며 철학에서도 많은 것을 자신의 신학에 거두어들일 수가 있었다.[7] 드

제3부 *Theologik*
제1권 Wahrheit der Welt(1985) | 제2권 Wahrheit des Gottes(1985) | 제3권 Der Geist der Wahrheit(1987) Epilog(1987).

6 *Glory* 1, p. 9.

7 今道友信「教會の文化神学的考察 1」, *Journal of the Institute of Christian Culture* 2, (Tokyo: Seisen University 1994) pp. 5~8. 이마미치는 위 논문에서 자신이 "사상문화학(思想文化學)"이라고 일컫는 연구 경향의 대표적인 사례로서 다음 두 저술을 거론한다. 신학자의 철학적 시도인 장 다니엘루(Jean Daniélou)의 *Platonisme et Theologie mystique*(1952)와 철학자의 신학적 시도인 루이지 파레이손의 *Filosofia della Libertà*(1989)가 그것이다. 다니엘루는 니사의 그레고리오스의 『모세의 생애』를 해석하는 과정에서, 「출애굽기」 3장 14절의 "나는 곧 나다(Ego sum qui sum, 나는 있는 나다)"가 플라톤의 "존재의 저편(epekeina tēs ousias)"에 이어지는 것임을 확증하

뤼박의 제자 발타자르 또한 그의 3부작을 통하여 신학과 철학과 미학의 잃어버린 대화를 다시 이끌어냄으로써, 스승으로부터 지난 세기 가장 해박한 사람이란 평을 들었다.[8]

여 계시신학과 종교철학의 접점을 찾는 한편, Dominus(주인)로서의 신이 아니라 philos(친구)로서의 신이란 관념을 전면에 내세움으로써 윤리신학과 우정을 주제로 하는 윤리학과의 연결을 모색하고 있다는 것이다. 또한 파레이손은 그의 마지막 저서에서 "인간 실존의 찢어지는 듯한 고통은 어디에서 오는가?"라고 묻고, 그것은 "신도 고통을 받는다는 사실에서 유래한다(dal fatto che Dio soffre)."라고 답함으로써 "고통이 신의 속성(Anzi, la sofferenza è proprio a Dio: divinum est pati)"임을 갈파하는바, 이는 철학자의 신학적 시도라는 것이다.

8   Henri de Lubac, *Un témoin dans l'Eglise* (Paris 1967) pp. 184~186.

1. 발타자르는 누구인가[1]

발타자르는 1905년 스위스 루체른에서 태어났다. 그는 어려서부터 음악에 비상한 재능을 보였는데, 특히 모차르트의 전 작품을 외울 정도로 평생 모차르트를 가슴에 품고 살았다.[2] 그는 빈과 베를린,[3] 취리히대학에서 독문학을 공부했고, 1928년 「근대 독일 문학에서의 종말론 사상사」란 논문으로 문학 박사 학위를 취득했다.[4]

---

1 다음에서 발타자르의 생애를 가장 잘 요약했다. Peter Henrici, "Hans Urs von Balthasar: A Sketch of His Life," *Hans Urs von Balthasar: His Life and Work* (S.F.: Ignatius Press 1991). 그의 사상에 미친 영향에 대해서는 무엇보다도 발타자르 자신의 설명이 있는 다음 책이 도움이 될 것이다. *Mein Werk: Durchblicke* (Einsiedeln: Johannes Verlag 1990). 발타자르 입문서로는 다음 책도 유익하다. Johe O'Donnell, *Hans Urs von Balthasar* (London: Continuum International Publishing 1992).

2 Hans U. von Balthasar, *The Theology of Karl Barth* (S.F.: Ignatius Press 1992) pp. 27~28. Karl Barth, *Wolfgang Amadeus Mozart* (1956), 이종한 역 『볼프강 아마데우스 모차르트』(분도출판사 1997) pp. 10~11. 발타자르는 1987년 인스부르크에서 "볼프강 아마데우스 모차르트 상"을 받았다. 그는 바흐와 슈베르트조차도 불변의 북극성인 모차르트 주위를 맴도는 큰곰자리, 작은곰자리에 불과하다고 보았다. 그의 모차르트에 대한 이러한 깊은 관심은, 매일 아침 모차르트를 듣고 나서야 자신의 교의신학에 몰두할 수 있었던 바르트와의 만남에 결정적인 역할을 했다. 그는 바르트의 『교회 교의학』과 모차르트 음악 사이의 유사성을 통찰하였다.

3 빈에서 발타자르는 정신분석학자 프로이트(Sigmund Freud)의 제자였던 알러스(Rudolf Allers)와 만났다. 발타자르의 '사랑의 철학'은 그와의 우정에서 비롯된다. 또한 베를린에서 발타자르는 로마노 과르디니의 키르케고르 강의에 깊은 감명을 받는다.

4 Alois M. Haas, "Hans Urs von Balthasar's Apocalypse of the German Soul: At the Intersection of German Literature, Philosophy and Theology," in Henrici,

예수회에 입회한 발타자르는 뮌헨 근교 풀라흐에서 철학을 공부하던 시절[5] 그의 인생의 별을 만났다. 그 스스로 "위대한 정신과의 만남"이라고 일컬은[6] 철학자 에리히 프시와라와의 만남이었다. 프시와라는 네오-스콜라 철학이라는 사막을 지나던 그에게 오아시스 같은 존재였다.[7] 프시와라는 존재의 유비(analogia entis)가 하나의 이론이 아니라 삶의 양식임을 그에게 가르쳐주었다. 존재의 유비는 자신을 초월하려는 영혼의 완전한 투신이었다.[8] 프시와라는 제4차 라테란 공의회(1215)가 말한 존재의 유비[9]를 역동적으로 해석했다. 피조물은 하느님에게서 나왔으므로 그 둘 사이에는 어떤 유사성이 있는데, 그 유사성은 정적(static)이 아니라 동적(dynamic)이다. 한편 피조물

Hans Urs von Balthasar. 발타자르의 박사 논문은 훗날 *Apokalypse der deutschen seele: Studien zur eine Lehre von Letzten Haltungen*(1937~1939)으로 확대된다. 이는 레싱(Gotthold E. Lessing)에서 1930년대까지 약 150년간, 독일 저술가들의 종말론적 사유를 그리스도교의 빛 안에서 해석한 것이다.

5   예수회 지원자는 보통 2년간의 수련기, 2년간의 철학 과정, 2년간의 실습기, 4년간의 신학 과정을 마친 뒤에 사제로 서품된다.

6   이는 프시와라가 편집한 『아우구스티누스 초록』(1936)을 두고 한 말이다.

7   Edward Y. Oakes, *Pattern of Redemption* (N.Y.: Continuum 1994) p. 89. 발타자르에게 프시와라는 분석적 명석함과 공관(共觀, synopsis)의 시야를 동시에 지닌 유일한 인물로 비쳤다.

8   같은 책, p. 205.

9   하인리히 덴칭거, 『신경, 신앙과 도덕에 관한 규정·선언 편람』(한국천주교주교회의 2017) 806항. "창조주와 피조물 사이에는 유사성은 적고, 상이성은 훨씬 많다(quia inter creatorem et creaturam non potest similitudo notari, quin inter eos maior sit dissimilitudo notanda)."

은 하느님에게 가까이 다가가면 갈수록 점점 더 멀어지는 거리를 체험한다.[10] 그러므로 존재의 유비에도 불구하고 하느님의 초월성은 그대로 보존되는 것이다.

발타자르가 신학 과정을 보낸 곳은 리옹 근교의 푸르비에르였다. 거기엔 또 한 사람의 탁월한 선도자 앙리 드 뤼박이 있었다. 신신학 운동의 대표 주자였던 드 뤼박은 발타자르와 다니엘루(Jean Daniélou, 1905~1974)를 알렉산드리아 교부들의 세계로 안내했다. 무엇보다 발타자르에게 오리게네스의 발견은 의미심장했다. 오리게네스는 그에게 그리스 교부 전체만이 아니라 중세 초기 및 헤겔, 카를 바르트를 이해하는 열쇠였다.[11]

1940년부터 바젤대학 학생 지도 신부가 된 발타자르의 또 다른 중요한 업적은 프랑스 문학을 독일어권에 소개하는 일이었다. 특히 폴 클로델(Paul Claudel, 1868~1955)의 희곡 『비단신(Le Soulier de satin)』을 직접 번역하여 여러 차례 상연하기까지 했다.[12] 인문주의자·종교 개혁자들의 본거지였던 바젤에서 발

---

10 Erich Przywara, *Christliche Existenz* (Leibzig: Hegner, 1934). 프시와라에게 실존이란 최상의 상과 최하의 하 사이의 충돌이었다. 그러므로 하느님에게로의 쉼 없는 전진(Restlos-zu-Gott-hin)은 사람의 아들에 대한 믿음에 의해서만 가능하다.

11 Hans U. von Balthasar, *My Work: In Retrospect* (S.F.: Ignatius Press 1993) p. 11. 발타자르의 *Origen, Geist und Feuer*(Salzburg: Otto Müller 1938)은 별로 주목받지 못했으나 발타자르 자신에게는 가장 비중 있는 저서였다. 오리게네스는 발타자르에게 무엇보다도 '가톨릭'이 무엇인지를 가르쳐준 교부였다.

12 같은 책, p. 38. 1939년부터 번역에 착수한 『비단신』은 다섯 번의 수정 끝에 1963년에야 최종판이 나왔다(1943년 취리히에서 독일어 초연). 발타자르는 폴 클로델

타자르는 생애를 통틀어 가장 지속적인 영향을 준 두 인물을 만난다. 한 사람은 교의적으로 신정통주의(Neo-Orthodoxy)[13]를 표방한 카를 바르트였고, 다른 한 사람은 영혼의 반려자 아드리엔 폰 슈파이어(Adrienne von Speyr, 1902~1967)였다.

카를 바르트의 신학은 그리스도중심주의(Christocentrism)였다. 하느님에 관한 모든 지식은 그리스도에게서 나오므로 그는 그리스도교 계시와 다른 종교들 사이의 질적 차이를 강조했다. 따라서 그가 프시와라가 말한 존재의 유비가 지닌 역동성을 반대하고, 신앙의 유비(analogia fidei)[14]를 주장한 것은 당연한 귀결이었다. 그러나 발타자르는 신앙의 유비가 피조물의 자유를 보장하는 존재의 유비를 인정하지 않는다면 그것은 하느님의 독백(Monolog)에 지나지 않는다고 보았다.[15]

을, 19세기 제의방 같은 프랑스 교회를 세상으로 이끌어낸 장본인으로 높이 평가했다. 『비단신』이 가톨릭 시사(詩史)에서 차지하는 위치는 교회를 세계 안에서 숨쉬게 했다는 점이다. 클로델은 교회를 구원된 우주의 성사로 본 그리스 교부들, 특히 고백자 막시모스(Maximus Confessor)의 정신을 잇고 있다. 막시모스에게 있어서 교회는 열려 있는 우주의 형태이고, 우주는 감추어진 교회의 형태였다.

13 제1차 세계대전 후 자유주의 신학의 위기에서 일어난 복음주의적 전통에 기초한 프로테스탄트 신학의 한 경향.

14 신앙의 유비란 하느님과 피조물 사이의 일치점은 유일한 구체적인 보편(the concrete universal)인 예수 그리스도뿐이라는 것이다. 이는 가운데의 좁은 관을 통해서만 이어지는 모래시계를 연상시킨다. 모래는 위에서 아래로만 흘러내린다.

15 Edward Y. Oakes, *Pattern of Redemption*, ch. 1~2. 발타자르가 바르트를 비판한 것은 그의 그리스도중심주의가 아니라 계시의 일방성이었다. 신랑인 그리스도와 신부인 교회 사이의 상호성(mutuality)이 결여되어 있음을 지적한 것이다. 발타자르에게 있어서 유비란 동일성과 차이의 문제가 아니라 창조주와 피조물 간의

발타자르의 주저에 누구보다 결정적인 영향을 끼친 사람은 아드리엔 폰 슈파이어였다. 발타자르는 그녀의 영적 지도 신부였지만, 이냐시오 데 로욜라가 사도 요한에 의해 충만해질 수 있음을 보여준 것은 그녀였다. 슈파이어가 기도 중에 얻은 개인적 통찰로 구술한 성경(특히 「요한의 복음서」) 주석들이 한 신학자가 지닌 교회의 신학적 전통을 통해서 여과되어 나왔다. 발타자르는 곧잘 그녀의 사유와 자신의 사유는 정신적으로도 문헌적으로도 분리될 수 없다고 말했다.[16] 더 중요한 것은 슈파이어가 교회를 위해 받은 특별한 부르심, 즉 당시 교회법엔 없었던 재속회(secular institute) 문제였다.[17] 발타자르는 재속회의 삶이야말로 이냐시오 데 로욜라의 영성을 현대에 살리는 길이라 믿었고, 그의 신념은 결국 그로 하여금 1950년 예수회 퇴회라는 고뇌에 찬 결단을 내리게 했다. 그리고 어려운 시

거리의 문제였다. 즉 계시의 언어에 대한 인간의 응답이라는 일종의 드라마였다. 그러나 바르트 역시 신과 인간 사이의 비유사성(dissimilitudo)을 강조한 초기의 『로마서 강해』에서 계시 위에 세워진 '관계'를 강조하는 후기의 『교회 교의학』에로 이행한다.

16 Hans U. von Balthasar, *My Work: In Retrospect*, p. 89.

17 발타자르는 1945년 슈파이어와 함께 '요한 공동체(Johannes Gemeinschaft)'란 재속회를 창설한다. 재속회란 수도회와 마찬가지로 청빈·정결·순명의 서원을 하지만 세속적 직업을 가지고 생활하는 공동체다. 그들의 생활양식은 "밀알이 땅에 떨어져 (…) 죽으면 많은 열매를 맺습니다."(요한12,24)에 근거하고 있다. 씨앗은 숨겨져 있지만 장래에 드러날 풍요로움을 보장한다. 현재의 교회법은 수도회와 재속회를 함께 '축성 생활회'라 칭하고 있다. 참조: *Codex Iuris Coanonici* (1983), Pars III Sectio I, De institutis vitae consecratae.

절이 닥쳐왔다. 로마노 과르디니의 후임으로 내정되어 있던 뮌헨대학의 교수직은 카를 라너가 이어받았으며, 스위스 쿠어 교구에 적을 두기까지 5년간 신학 강좌조차 열 수 없었다. 제2차 바티칸 공의회에도 참석할 수 없었음은 물론이다.[18]

발타자르는 1973년 국제 가톨릭 잡지 『코뮤니오(Communio)』를 창간한다. 흔히 발타자르와 라너와의 차이는 『코뮤니오』와 『콘칠리움(Concilium)』, 이 두 잡지의 성격 차이로 규정되곤 했다. 전자가 영성 중심으로 보수적이라면, 후자는 신학 중심으로 진보적이라는 속설이다. 그러나 두 사람의 차이는 보수냐 진보냐가 아니라 근본적인 철학적 선택에 있다고 보는 것이 타당할 것이다. 발타자르는 라너의 『세계 내 정신(Geist in Welt)』(1957)을 비판한 저서[19]를 펴냈는데, 이 비판에서 두 사람의 차이가 뚜렷이 보인다. 발타자르는 라너의 "익명의 그리스도인"을, 즉 초월적 계시를 향한 인간 정신의 역동성 배후에 있는 칸트와 피히테(Johann G. Fichte, 1762~1814)의 자율적 에고(Ego)를 비판한 것이다.[20] 발타자르는 본질의 형태성

---

18 발타자르의 저술들이 공식적으로 인정받기 시작한 것은 1984년 교황청 국제 신학위원회로부터 '바오로 6세 상'을 수여받고 난 후부터였다.

19 Hans U. von Balthasar, *Cordula oder Ernstfall* (Einsiedeln: Johannes Verlag 1966).

20 Rowan Williams, "Balthasar and Rahner," *The Analogy of Beauty* (Edinburgh: Bloomsbury T&T Clark 1986) 라너는 마레샬(Joseph Maréchal)을 통해서 칸트로 나아갔다. 반면 발타자르는 프시와라를 통해서 토마스 아퀴나스로 나아갔다. 즉 라너는 계시의 주관적 관점을 중시한 데 대해서 발타자르는 계시의 객관적 관점을 중시한 것이다. 발타자르는 라너가 말하는 능동 지성의 작용이 너무나 추상적이라고

(Gestaltigkeit des Wesens)이라는 기본 체험에서 출발한다. 무한에 대한 전이해(Vorgriff)보다 구체적인 형태를 향한 존재의 잠재적인 방향성이 앞선다고 본 것이다. 그래서 발타자르는 칸트 대신 괴테(Johann W. von Goethe, 1749~1832)를 택한다.[21]

괴테의 목표는 과학적 탐구와 냉정한 정확함과 경의의 눈(eye of reverence)에만 분명한 총체성이었다.[22] 발타자르는 이 경의를 통해 중개된 객관성(reverent objectivity)을 괴테에게서 배웠다.

발타자르는 1988년 교황 요한 바오로 2세에 의해 추기경으로 서임되었으나 서임식 이틀 전 갑작스레 세상을 떠났다. 그는 평생 85권의 저서, 500여 편의 논문, 100여 권의 번역서를 남겼다. 20세기의 '만능인(l'uomo universale)'이라고 불렸던 이 거인의 방대한 저술 중 먼저 그의 주저인 3부작에 대해서 알아보자.

생각했다. 거기서는 존재의 충만함이 엿보이지 않는다는 것이다.

21 Edward Y. Oakes, *Pattern of Redemption*, ch. 3. 발타자르는 한 인터뷰에서 자신과 라너의 차이를 이해하는 가장 좋은 길은 두 사람이 각각 독일 문화의 두 주요 혈통을 대변하고 있음을 이해하는 것이라고 했다. 즉 라너는 칸트를 대변하고 있는 한편 자신은 괴테를 대변하고 있다는 것이다. 독일 문학자인 발타자르는 괴테의 '형태'에서 출발한다. 라너는 인간의 초월적 본성을 강조함으로써 인간은 처음부터 자신을 넘어 신과의 일치를 위해 창조되었다고 주장한다. 그러나 발타자르는 자기를 드러내는 객체(the manifesting object)를 강조한다. 이 문제는 그리스어 로고스(logos)가 라틴어로 번역될 때 ratio와 verbum으로 갈라지는 데서 그 뿌리를 찾아볼 수 있다. 훗날 칸트에게 로고스는 이성(Vernunft)뿐이었지만, 헤르더(Johann. G. Herder)는 칸트가 로고스의 언어(Sprache)적 측면을 잊고 있다고 비판한다.

22 *Glory* 5, pp. 362~363.

2. 3부작에 대하여

발타자르는 죽기 몇 주 전(1988.5.10) 『영광』의 스페인어 출판을 위해 마련된 마드리드의 한 심포지엄에서 자신의 전 작품의 기본 논리를 제시했다.[1] "수많은 저서를 펴낸 저자가 근본적으로 말하는 바는 무엇이며, 또 독자들은 그 많은 저서들 가운데 어디서부터 시작해야 저자를 이해할 수 있는가?"라는 질문에 대한 답변이었다.

발타자르는 자신의 3부작에 한정하여, 『영광』은 미의 측면에서, 『신의 연극학』은 선의 측면에서, 그리고 『신의 논리학』은 진의 측면에서 각각 그리스도교 계시에 접근하는 것이라고 대답했다. 발타자르는 또 이 3부작을 구축하기 위한 자신의 철학은 형이상학(metaphysica)이 아니라 인이상학(人而上學, meta-anthropologia)이라고 했다.

인간은 유한한 세계에 유한한 존재로 살고 있다. 그러나 인간의 이성은 무한에로, 모든 존재에로 열려 있다. 이 말이 중요한 것은 인간의 수수께끼 같은 본성을 드러내고 있기 때문이다. 인간은 존재한다. 그러나 그 자신의 존재의 근거를 자신 안에 지니고 있지 않다는 것은 인간 존재의 유한함 및 우연함에서 오는 체험적

---

[1] Hans U. von Balthasar, "A Resume of My Thought," *Communio*, Winter 1988.

진리다. 만일 인간에게 자신이 유한한 존재이며 이성은 무한에로 열려 있다는 사실에 대한 자각이 없다면, 우리는 존재하는 모든 것에 대한 기원과 운명에 대하여 물을 수가 없을 것이다.[2]

발타자르는 토마스 아퀴나스가 실재적 구별(distinctio realis)이라고 부른 존재와 본질 사이의 구별, 즉 존재는 제한되어 있으나, 본질은 제한되어 있지 않다는 사실을 모든 철학적·신학적 사색의 원천으로 본다. 철학은 절대 존재에 인격을 부여하든 부여하지 않든 절대 존재의 문제를 제시한다. 그리스도교 이전의 철학은 왜 세계가 존재하는지에 대해 만족할 만한 답을 주지 못했다.

파르메니데스(Parmenides, 기원전515~410년경)는 모든 존재가 무한·불변이라 했다. 그러므로 유한한 존재는 그에게 비-유(非-有, non-being)나 마찬가지였다. 이는 플라톤에서도 마찬가지다. 유한한 존재는 타락 혹은 퇴보의 결과일 수밖에 없으며, 따라서 구원에 이르는 길은 감각적인 유한자로부터 지적인 무한자로 귀환하는 것이다.

한편 헤라클레이토스(Heracleitos, 기원전540~480년경)에게 모든 존재는 대립하는 것들 사이의 운동 혹은 생성이었다. 그러므로 유한 안에서의 생성은 자신을 오직 그 대립자와 동일

---

2 같은 책.

시함으로써만 자신을 인식한다. 반대되는 것들의 자기 동일시는 존재론적으로 자기 모순에 지나지 않는다. 본성상 절대 존재는 쿠자누스(Nicolaus Cusanus, 1401~1464)의 말대로 비-타자(非-他者, non-other)이다. 절대 존재는 자신 안에 존재의 모든 가능한 현현을 담고 있기 때문이다. 그러면 우리는 어떻게 존재의 우연적 속성(qualitas accidentalis)인 타성(他性)을 이 절대 존재 곁에 둘 수 있는가.

발타자르는 오직 자신을 통해 자기 자신을 계시하는 존재 자체에 의해서만 그 답이 주어질 수 있다고 보았다. 즉 우리가 체험하는 생성은 오직 절대적인 존재에 의해서만 존재 안으로 들어올 수 있다는 것이다. 우연적인 것은 절대 존재의 자유로운 선택의 결과다. 그러므로 "창조" 이외의 다른 가능성은 있을 수 없다.[3]

형이상학에서 우주는 전체였고 인간은 그 우주의 일부였다. 인이상학에서 우주는 인간 안에서 자신을 완성하며, 인간은 우주를 종합하면서 동시에 우주를 초월한다. 인간 이성은

---

3 三宅美美子「シモーヌ ヴェイユ」『西洋美学のエッセンス』(東京: ぺりかん社 1987) pp. 403~410. 이 점에, 창조를 신의 자기-부정으로 본 시몬 베유(Simone A. Weil)의 창조관은 주목할 만하다. 베유는 *Intuitions pré-chrétiennes*(1957)에서 신은 자기 밖에 있는 무엇인가를 만들어낸 것이 아니라 자기 스스로 물러남으로써 자기 이외의 것이 존재의 일부에 들어옴을 허용했다고 말한다. 또 *Attente de Dieu*(1950)에서는 신은 전체로서 존재함을 포기했으며, 창조는 신의 자기-확장이 아니라 자기-축소, 자기-포기, 자기-부정이었다고 말한다. 그러므로 세계는 이 은혜로운 무상성(gratuitousness) 위에 기초하고 있는 것이다.

무한에로 열려 있으므로 신의 창조의 계시를 알아들을 수 있다. 그리하여 인간은 이 절대 존재와 대화함으로써 자기 존재를 인식하는 것이다. 발타자르는 이를 엄마의 자애로운 미소를 바라보는 아기의 모습에 비유한다. 엄마는 먼저 아기에게 자신을 드러내 보인다(appear). 그 모습은 아름답다. 그리고 그 나타남 안에서 자신을 내준다(give). 그 행위는 선하다. 그리고 자신을 내주면서 말한다(speak). 그래서 그 말은 참되다. 아기와 엄마는 사랑 안에서 하나이다. 존재는 하나이며 진선미임을 아기는 엄마 품속에서 지각한다.

발타자르는 신의 초월자들과 피조물의 초월자들 사이엔 반드시 유비가 있기 마련이라고 보았다. 그리고 그 초월자들은 존재와 함께 있기에 존재를 가로질러 다닌다. 그러므로 아름다운 것은 선하고 선한 것은 참되다. 발타자르의 철학과 신학은 이 유비에서 출발한다. 하느님의 나타나심은 3부작 중 제1부 '신학적 미학'을 구축한다. 여기서는 우리가 어떻게 세상의 미와 하느님의 영광을 구별할 수 있는가가 관심사다. 그리고 하느님의 자기 증여는 제2부 '신의 연극학'을 구축한다. 여기서는 어떻게 하느님의 절대적인 자유와 인간의 자유가 대면하고 있는가가 관심사다. 마지막으로 하느님의 말씀하심은 제3부 '신의 논리학'을 구축한다. 여기서는 유한한 인간의 언어가 어떻게 하느님 말씀의 무한한 의미를 파악하는가가 관심사다.[4] 그럼 먼저 신학적 미학에 대해 알아보자.

4 발타자르의 3부작은 흔히 토마스 아퀴나스의 『신학대전』의 현대판이라고 일컬어진다. 그것은 양적인 면에서라기보다 구성적 측면에서 그러한 듯싶다. 『신학대전』은 제1부 신론(창조론), 제2부 인간론(윤리신학), 제3부 그리스도론(은총론, 성사론)으로 구성된다. 그러나 이러한 구성상의 전통은 오리게네스가 『아가 주해』 서문에서 언급하는 스토아학파에서 유래한다. 즉 그들은 철학을 윤리학, 자연학, 형이상학 세 가지 분야로 분류했고, 이를 바탕으로 오리게네스는 성경이 문자적 의미, 도덕적 의미, 영적 의미라는 3중의 의미의 층을 가지고 있다고 말했던 것이다. Andrew Louth, *The Origins of the Christian Mystical Tradition* (Oxford: Oxford University Press 1981), 배성옥 역 『서양 신비사상의 기원』 (분도출판사 2001) p. 98 참조.

3. 신학적 미학의 구상

계시와 미

신학적 미학은 이미 말한 대로 미의 측면에서 그리스도교 계시에 접근하려고 한 시도였다. 발타자르는 『영광』을 쓰기 전에 이미 「계시와 미」라는 글을 통해 계시와 미에 대한 자신의 입장을 정리한 바 있다.[1] 확실히 과거에는 내재적 과학들과 초월적 그리스도교 사이를 맺어주는 살아 있는 유대, 형이상학이 있었다.[2] 그러나 신학은 종합 능력을 상실하면서 성경 비평에서 보듯이 과학적 정확성만 추구했다. 우리는 어떻게 이 잃어버린 세계를 다시 발견할 수 있을까? 발타자르는 계시와 미가 어떻게 하나였는지를 새롭게 이해하기 위해서는 키르케고르가 분리한 두 영역, 미학과 윤리(종교)에서 그 기본 요소들을 찾아내야 한다고 주장한다.[3]

---

1 Hans U. von Balthasar, "Revelation and the Beautiful," *Explorations in Theology* I: *The Word Made Flesh* (S.F.: Ignatius Press 1989). German Original: *Verbum Caro* (Einsiedeln: Johannes Verlag 1960).

2 발타자르가 보기에 도이팅거(Martin Deutinger)는 이 두 영역이 연결된 최후의 사상가였다. 도이팅거의 저서 제목들이 이를 시사한다. *Verhältnis der Kunst zum Christentum*(1843), *Verhältnis der Poesie zur Religion*(1861).

3 Hans U. von Balthasar, *Explorations in Theology* I, p. 98.

미학사 안에서의 신학적 요소

발타자르는 플라톤의 『향연』과 『파이드로스』를 논하면서, 신적인 것과 절대적인 것의 깊이는 사랑받는 자의 아름다운 형태로 보여짐에 주목한다.[4] 사랑으로부터 나아가는 것(proceeding from love)이야말로 플라토니즘과 그리스도교가 가장 근접해 있음을 시사한다.

미학 안에서의 신학적 요소

발타자르에게도 어떤 구조에 묶여 있는 내재적 대상과 위로부터 침입하는 초월적 사건이라는 두 차원을 동시에 보유하기란 대단히 어려운 일이었다. 그러나 이 두 차원의 병행을 포기하는 것―구조적 측면을 지나치게 강조하거나 아니면 자신 안에 성경을 흡입해버리는 것―은 구조로서의 미학과 체험으로서의 미학을 동등하게 다루지 않고 미의 철학을 포기해버리는 것이다.[5] 발타자르의 관심은 확실히 신들에 대한 낡은 이미지들을 그대로 보유하고 전달하자는 것이 아니라 실체에 대한 계시를 다양한 신화들 안에서 구체화할 수 있는 힘을 다시 얻자는 것이었다. 이 점에서 그는 게르하르트 네벨(Gerhard Nebel, 1903~1974)의 공로를 높이 평가했다. 네벨이 신화의 자연적 계시와 그리스도교의 초자연적 계시 사이의 실제적인

---

4   플라톤 『파이드로스』 249d~e, 『향연』 210e~211c.

5   Hans U. von Balthasar, *Explorations in Theology* I, p. 108.

유비를 가져다주었다고 본 것이다.[6]

계시 안에서의 미학적 요소

성경에서 미학적 용어가 사용되는 거의 유일한 예는 '고난받는 종'의 신비와 관련해서이다. 그 용어들은 다시 부정되지만,[7] 그리스도의 얼굴을 가린 신비의 베일이 벗겨지는 날, 종의 겸손으로 [하느님의 자기 비움(kenosis)으로] 감추어졌던 영광은 더욱 찬란히 빛날 것이다.[8]

신학 안에서의 미학적 요소

계시의 형태가 지닌 깊이와 분명함에 대한 관상은 곧 신학의 출발점이 된다. 가톨릭 신학은 항상 이 그리스도라는 형

---

6 *Glory* 1, p. 61. 발타자르가 프로테스탄트 미학의 대표적인 예로 든 것이 네벨의 *Das Ereignis des Schönen*(1953)이었다. 네벨은 정적인 존재의 유비를 반대하고, 사건의 유비(Analogie des Ereignisses)를 주장했다. 그에게 존재는 형상이 아니라 충만함(plenitude)이었으며, 자신의 현현 안에서 자신을 퍼내며 끊임없이 생기(生起)하는 (자신을 유한자로 만들고 다시 그 유한자로부터 자신을 회복하는) 힘이었다. 다시 말해, 존재는 근원이 아니라 근원의 분출(Entsprungenes)이었다. 마찬가지로 그에게 미는 하나의 상태가 아니라 생기(生起)였다. 그러므로 그리스도교 예술의 기준은 이제부터 미와 그리스도의 사건의 유비(analogia eventus pulchri et Christi) 가운데서 찾아야 한다는 것이다.

7 「이사야」 53장 2절 참조: "그에게는 늠름한 풍채(eidos)도, 멋진 모습(doxa)도, 눈길을 끌 만한 볼품(kallos)도 없었다."(Septuagint) 참조: Non est species ei, neque decor, (…) aspectus.(Vulgata) / Sans beaute ni eclat (…) et sans apparence.(Jerusalem) / No form or comeliness (…) and no beauty.(RSV)

8 「베드로의 첫째 편지」 1장 11~12절 참조.

태 자체를 아는 것을 급선무라 여겼다.9 이 그리스도의 형태에 의해 형성된 개인의 실존(in-formed existence)은 객관적·규범적 교회 형태—교계 제도, 성사 체계—안에 위치한다. 그리스도와 교회 사이에 맺어진 혼배적 사랑(Eros)이야말로 이 형태의 내용이며, 이 사랑은 그래서 모든 신학의 중심적 신비가 된다.10

출발점

미가 존재·자유·정신과 하나 되지 못할 때, 미는 심미주의(aestheticism)에 빠진다. 따라서 정신적 중심 안에 위치한 형태만이 참다운 형태, 미라고 불린다.[11] 미선(美善, kalokagathia, the beautiful-and-good)을 경험하는 것이 자연스러웠던 시대가 있었다. 그러나 오늘날 우리의 눈은 전체에서 부분으로 가는 것보

---

9 Hans U. von Balthasar, *Explorations in Theology* I, p. 121.

10 같은 책, pp. 124~125. 그러므로 이 신비가 구체화되어 있는 구약성경 「아가」에 대한 주석이야말로 가장 위대한 신학일 수 있다. 발타자르는 디오니시오스 아레오파기테스의 "신적 에로스(Divine Eros)"야말로 "가톨릭적 감각(sensus catholicus)"이라고 말한다. 「아가」의 에로틱한 요소의 상실은 곧바로 신학의 메마름(desiccation)으로 이어졌다. 그러므로 이제 필요한 것은 오직 하나, 그 사랑의 마음 안에서 새롭게 적셔져, 그 힘에 의해 새롭게 형성되는 것뿐이다.

11 *Glory* 1, p. 18. 미를 포함하고 있는 말은 무엇보다도 형태의 신비에 이끌린다. formosus(beautiful)가 forma에서, speciosus(comely)가 species에서 파생했듯이. 그러나 미는 토마스 아퀴나스가 말했듯이, 형태와 빛(splendor, grossen Glanz von innen)의 합류점에서 발견된다.

다, 밑에서 위로 가는 것에 익숙해져 있으므로 형태의 원천으로 되돌아가는 것이 어려워졌다. 철학의 의자에 심리학이 앉아 있는 시대가 된 것이다. 우리가 지금 보려는 것은 하느님의 계시의 형태이다. 이 유일한 형태의 미에 매혹되어, 그것을 얻기 위해 모든 것을 쓰레기처럼 여기는 겸손한 바보(마태 13,46; 필립3,8)에 의해서만 복음과 형태는 결합될 수 있다. 예수의 실체에 대한 제자들의 이해는 그들이 본 것에 대한 회상(anamnēsis, conversio ad phantasma verissimum)에 근거한다. 말하자면 신약성경은 그러한 비전에 초대된 목격자들과 성령과의 끊을 수 없는 결합에서 탄생한 것이다.[12]

미학 배제의 경향(프로테스탄트의 경우)

신앙에서 듣는 것과 보는 것 사이의 예리한 이분법이 행해진 것은 마르틴 루터(Martin Luther, 1483~1546)부터였다. 루터에게 신앙의 핵심은 하느님의 말씀을 '듣는 것'이었다. 루터는 특히 「로마인들에게 보낸 편지」와 「갈라디아인들에게 보낸 편지」의 의화론(義化論, Rechtfertigungslehre)을 근거로 미적 거세(去勢)를 단행한다. 그가 보기에 자연과 은총 사이의 조화로운 유비는 반(半)펠라지아니즘에 지나지 않았다. 그는 성경에서

---

12 「요한의 첫째 편지」 1장 1~3절: "우리는 그 말씀을 듣고 눈으로 보고 실제로 목격하고 손으로 만져보았습니다."

중요한 것은 유비가 아니라 하느님의 자유라고 생각했다. 이로부터 계시에 부과된 모든 형태는 파괴될 수밖에 없었다. 신앙의 순수한 내면성을 위하여 그리스도교 전례 안에 있었던 모든 인간적인 도구는 신성한 포기를 요구받는다.[13]

키르케고르에 와서 더욱 급진적인 내면화가 이루어졌다. 『이것이냐 저것이냐(Enten-Eller)』(1843)에서 그는 의식적으로 헤겔의 객관 정신에 반대하여 '종교적 주체성'을 전면에 내세운다. 헤겔이 그리스도교를 객관적 역사 과정으로 이해했다면, 그는 '결단'이라는 신앙 행위에 집중된 개인의 내면 과정으로 이해했다.[14]

카를 바르트는 『교회 교의학(Die Kirchliche Dogmatik)』에서 헤겔과 키르케고르 사이의 대립을 극복하고자 했다. 그는 객관적으로 규범화·형식화된 교의의 필요성을 느끼는 한편, 교의의 내용으로 계시된 창조주이자 구속주이신 하느님과 인간 사이의 인격적인 신앙 관계를 추구했다. 바르트는 성경의 내용, 특히 하느님의 영광을 관조하면서 미에 도달했다. 그리하여 형태가 없는 것은 계시라고 할 수 없음도 깨닫게 된다. 그는 벌거벗은 신앙을 넘어서 신앙 자체에 내재한 그노시스(Gnosis), 즉 하느님은 자신에게 고유한 방식으로 아름답다는

---

13 *Glory* 1, p. 45.
14 같은 책, p. 48.

사실을 깨닫는다.[15]

> 영광의 형태가 두려움, 감사, 순종만이 아니라, 빛남 가운데서 기쁨과 유머로도 성립한다면, 그때 우리가 어떻게 거기서 미의 개념을 제거할 수 있겠는가. (『교회 교의학』 II/1, 739)

그러나 바르트가 시도했던 미학의 회복은 다음과 같은 이유로 실패한다. 첫째, 존재의 유비가 아닌 신앙만의 유비였다. 둘째, 신앙은 하느님의 말씀을 듣고 응답하는 순간에만 존재한다. 즉 신앙은 지속적인 관상의 대상이 없는 불연속적 행위일 뿐이다. 셋째, 신앙의 미적 차원은 종말로 유보되어 있다.[16] 프로테스탄티즘에서 계시와 미에 관한 근본적인 대답은 이미 지적한 대로 네벨에게서만 볼 수 있을 뿐이다.

미학적 신학에서 신학적 미학으로(가톨릭의 경우)

한편 가톨릭에서는 낭만주의와 관념론의 영향 아래 샤토브리앙의 프랑수아르네(François-René, vicomte de Chateaubriand, 1768~1848)와 귀글러(Joseph H. A. Gügler, 1782~1827) 등이 미적 범주에 기초한 호교론(護敎論)을 제시하며 미학적 신학이란 오

---

15 같은 책, p. 50.

16 John O'Donnell, *Hans Urs von Balthasar* (Minnesota: Liturgical Press 1992) p. 20.

류를 범하게 된다.

샤토브리앙의 프랑수아르네가 『그리스도교의 정수(Génie du christianisme)』(1802)에서 말하는 '정수(精髓)'란 그리스도교가 자신을 문화 안에서 드러내는 세속적 표현을 가리킨다. 그는 그리스도교를 그 자체—교의·가르침·의식 등—와 그 방사(放射)로 나누고, 후자를 '그리스도교 시학(la poétique du christianisme)'이라 불렀다. 그것은 그리스도교가 시, 미술, 철학 등에 미친 효과를 의미한다. 그러나 계시의 세계 자체는 미를 수반하지 않는다.[17]

발타자르에게 귀글러는 낭만주의 미학적 신학의 완성자였다. 귀글러는 성경적 계시와 예술과의 관계를 근원과 쇠퇴, 혹은 실체에 고유한 질서와 실체로부터의 점진적 이탈이라고 보았다. 그러므로 예술이 열매를 맺기 위해서는 감수성(sensorium, Gemüt)이 하느님과 동조(同調)하지 않으면 안 된다. 즉 성부는 인력(引力), 성자는 중개, 성령은 동조에 해당한다. 여기서 석의(釋義)는 역사가 형성한 모든 것을 근원적인 빛으로 회귀시키는 과정이 된다. 그러나 그도 후기에는 관념론의 동일철학으로 되돌아갔다.[18]

그러므로 발타자르는 그들이 세계 내적 기준을 가지고 하느님의 계시의 미를 재는 치명적인 과오를 저질렀다고 보았

---

17 *Glory* 1, pp. 88~89.
18 같은 책, p. 94.

다. 신학적 미학은 하느님의 계시만을 미의 유일한 기준으로 삼는다. 신학적 미학에는 확실히 세속의 미와 하느님의 미 사이의 유비가 있다. 그러나 기준이 되는 것은 어디까지나 계시다. '신학적 미학'이란 개념을 정확히 정의 내리기 위해서는 먼저 이를 '미학적 신학'과 구별해야 한다. 발타자르는 미학적(ästhetisch)이라는 말을 '세속의(inweltlich)' 또는 '제한된(einschränkend)'이라는 경멸적인(pejorativ) 뜻으로 이해한다.[19] 독일 관념론의 시대에는 미의 이론과 그리스도교 계시 사이의 통합이 요청되었다. 따라서 (훗날 카를 바르트의 경우처럼) 신학과 계시 자체로부터 내적인 미를 발견할 것인가, 아니면 위험을 무릅쓰고 세속적인 미와 신학적인 미 사이의 참된 만남의 가능성을 증명할 것인가가 늘 문제였다. 발타자르에게 하만(Johann G. Hamann, 1730~1788)은 신학적 미학의 전형처럼 여겨졌다. 하만은 하느님과 인간 사이의 혼인 관계를 말한 교부 신학으로 돌아가는 은밀한 길을 발견한다. 하만이 실존의 미에 처음 접한 계기는 십자가의 어리석음, 즉 그리스도와 찢어진 지체들과의 결합이었다. 그는 「창세기」에서 「요한의 묵시록」에 이르기까지 이것이 천국의 비밀이요, 우주의 모든 비유의 초점이라 보았다. 그러나 그는 자기 시대에 이해받지 못한 비극의 주인공이었다.[20]

19　같은 책, p. 74.
20　같은 책, p. 76.

한편 낭만주의 미학적 신학을 조직적으로 정돈된 신학적 미학으로 대체할 가능성을 보여준 사람은 셰벤(Mathias J. Scheeben, 1835~1888)이었다. 그의 근본 직관은 지극히 단순했다. 즉 하나의 부정적인 명제는 총체적인 윤곽을 얻는 디딤판을 마련한다는 것이었다. 그는 먼저 『자연과 은총(Natur und Gnade)』(1861)에서 자연과 초자연의 분리를 분명히 했으며, 『하느님 은총의 영광(Die Herrlichkeiten der göttlichen Gnade)』(1862)에서는 하느님 은총의 영광이야말로 미의 정수라고 보았다. 그러므로 세상은 하느님의 미와 영광의 모사(Abbild)인 것이다.

> 위로부터, 높은 곳으로부터 시작하지 않으면 안 된다. 하느님의 미가 어떻게 모든 깊이를 관통하고, 또 고양하는지를 보기 위해서는.[21]

셰벤은 은총에 의한 자연의 내적 형성(informatio)을 생각하고 있었다. 그것은 자연의 모태 안에서 하느님이 탄생함을 의미한다. 그러므로 질료-형상(materia-forma)의 관계는 이제부터 신랑-신부의 관계로 변화(transformatio)한다. 그는 은총을 영감(inspiratio)이나 조명(illuminatio)이라기보다는 중력(pondus)으로

---

21 같은 책, p. 102.

생각했다. 그것은 역동적이고 정력적이며 탄력 있는 영향력이었다. 자연이 초자연으로 향하는 것은 이미 그 생명에 의해 안에서부터 움직여지는 것이었다. 그러므로 그의 신학은 요한적인 하느님의 에로스 신학이 된다.

4. 신학적 미학의 과제

토마스 아퀴나스가 말한 전통적 미학의 두 요소는 형태(species, Gestalt)와 빛(lumen, Glanz)이다. 만일 형태가 깊이와 충만의 표징이거나 출현이 아니라면 아름답다고 할 수 없다. 우리에게 나타나는 형태가 아름다운 것은, 형태가 우리에게 주는 기쁨이, 그 형태의 깊이와 진실함과 선함에 기초하고 있기 때문이다. 형태의 외관은 깊이의 참다운 현존이며, 형태는 자신을 넘어서 이러한 깊이를 보여준다.[1]

미를 형태와 깊이와의 일치라고 보는 발타자르는 존재의 근거와 존재의 출현을 구별하는 그리스철학의 틀이 성경의 계시를 설명하기에는 적절치 못하다고 생각했다. 발타자르는 형태의 깊이를 존재의 영광이라 부른다. 그리하여 우리는 이 깊이를 바라보면서 매혹되고, 그 깊이 속으로 빠져든다.[2] 이것이 가장 잘 표현된 텍스트가 성탄 대축일에 사용되는 제1 성탄 감사송 〈빛이신 그리스도〉이다.

Quia per incarnati Verbi mysterium nova mentis nostrae

---

[1] *Glory* 1, p. 111. 정신사에서, 고전적 완성(klassische Vollendung)의 시대는 '깊이를 담고 있는 형태'를, 낭만적 무한(romantische Unendlichkeit)의 시대는 '저 너머의 깊이를 가리킴으로써 자신을 초월하는 형태'를 각각 강조했다.

[2] 같은 책, p. 112.

oculis lux tuae claritatis infulsit; ut dum visibiliter Deum cognoscimus, per hunc in invisibilium amorem rapiamur. (Because through the mystery of the Incarnate Word, the new light of your brightness has shone onto the eyes of our mind; that knowing God visibly, we might be snatched up by this into the love of invisible things.)

발타자르는 이 고전적 텍스트에 두 가지 사실이 함의되어 있다고 말한다. 첫째, 우리 정신의 눈에 대한(von Augen unseres Geistes) 사실이다. 정신의 눈은 가시적 인식을 부여하는 하느님의 새로운 빛에 부딪친다. 여기서 대상이 되는 하느님은 육화된 말씀의 신비라는 성사적 형태에 의해 매개된 하느님이다. 둘째, 비전에 대한(von Erblickung) 사실이다. 이 비전은 보이지 않는 것에 대한 사랑으로 우리를 매혹한다. 즉 이 텍스트는 듣거나 믿는 것보다는 오히려 보는 것(sehen, schauen, erblicken)에 강조점을 둔다. 그러나 여기서 보는 것은 듣는 것과 믿는 것을 자신 안에 포함하는 포괄적 지각 행위다. 이러한 진리의 특수한 지각에는 형태를 비추는 새로운 빛이 요구된다. 동시에 그 빛은 형태 자체의 깊이로부터 나온다고 발타자르는 말한다. 즉 새로운 빛은 형태를 보여주면서, 동시에 그 형태와 함께 보여진다.

여기서 말하는 사랑(erōs, amor)은 하느님이 보여준 것을 봄으로써 일어나는 운동이다. 이 운동은 전인격적이다. 인간은 비전을 통해 보이지 않는 하느님께로 가려고 자신을 떠난다. 이것은 성령의 감도(感導)이기도 하다. 신학에서 에로스란 말을 사용한 디오니시오스 아레오파기테스(Pseudo-Dionysius Areopagite, 5~6세기경)의 경우를 보더라도, 탈자(脫自, ekstasis)란 의미에서는 에로스(amor)가 아가페(agapē, caritas)보다 훨씬 더 적절한 말일 수 있겠다. 하느님은 에로스에 의해 자신 밖으로 나와 창조·계시·육화하셨기 때문이다.

> 신적 에로스는 그 사랑의 대상 안에서 우리를 황홀하게 한다. 이 신적 에로스에 사로잡힌 바오로는 자기 자신을 위해서 사는 것이 아니라,(2고린5,15) 나를 위해 당신의 몸을 내어주신 하느님의 아들을 믿는 믿음으로 살게 되었다.(갈라2,20) 에로스를 소유하는 것은, 선하고 아름다운 모든 것에 속하는 것이다. 에로스는 단지 아름답고 선한 것만을 통해서 존재한다.[3]

결론은 이러하다. 우리는 사람이 되신 성자를 통해서만 살아 계신 하느님을 만날 수 있다. 그러므로 하느님의 아름다움은 구원의 역사 안에서 성자가 보이신 형태 및 나타나신 방식과만 연결되어 있는 것이다. 그렇다면 신학적 미학은 다음 두 관계로 발전할 것이다.[4]

---

3 디오니시오스 아레오파기테스 『신명론』 4, 13.
4 *Glory* 1, p. 118.

첫째, 비전론(die Erblickungslehre) 혹은 기초신학: 하느님의 자기 계시의 형태에 관한 지각론으로서의 미학.

둘째, 탈자고양론 혹은 교의신학: 하느님 영광의 육화론 및 그 영광에 참여하기 위한 인간의 고양론으로서의 미학.[5]

사랑과 빛 밖에서는 어떤 신학적 지각도 있을 수 없다. 또 은총 밖에서도 아무것도 볼 수 없다. 이 은총은 객관적으로는 탈자(ekstasis)에 속하며, 주관적으로는 하느님께로 향하는 인간의 초월을 시작하게 한다. 즉 이 이중적·상호적(하느님에게서 인간으로, 인간에게서 하느님께로 향하는 모험으로서의) 탈자는 그리스도 안에서 머리와 지체로 이루어지는 '놀라운 교환이자 결합(admirabile commercium et connubium)'이다.[6] 결국 '신앙을 추구하는 지성(intellectus quaerens fidem)', 즉 기초신학으로서의 비전론과, '지성을 추구하는 신앙(fides quaerens intellectum)', 즉 교의

---

[5] 플라톤을 배경으로 한, 영혼의 하느님께로의 상승이라는 주제는 다음과 같은 예를 통해서도 잘 이해된다. 니사의 그레고리오스는 『모세의 생애』(2,167)에서, 제 존재의 관상에서 생겨난 신적인 힘에 대한 지(知)는 하느님이 계신 암흑 안에서 절망하나 종국에는 그리스도와 만나게 된다고 한다.
"이 봉우리에서 저 봉우리로 옮겨 가는 것처럼, 모세는 늘 높은 곳으로 오름으로써 자신을 고양시켰다. (…) 이렇게 모세는 결국, 보이지 않는 하느님을 알게 되는 지성소에까지 들게 되지만, 거기에 머무르지 않고, 다시 사람 손이 짓지 않은 성막(히브 9,11)으로 옮겨 간다. 이러한 상승을 통해 고양된 사람은 그 경위(境位)에 있어서 도달할 수 있는 한계에 이른 셈이다."

[6] 今道友信 「靈性と芸術」 pp. 9~10. 이마미치는 이를 인간적 초월(ecstasis humana)과 신적 내재(instasis divina)의 경합적(競合的) 종합이라고 부르는데, 그 일상적 전형을 그리스도교의 전례 특히 미사의 연극성(演劇性)에서 발견한다.

신학으로서의 탈자고양론은 분리할 수 없게 된다. 사도 바오로는 이를 성경의 한 이미지 안에서 결합시켰다.

> 우리는 모두 얼굴의 너울을 벗어버리고 거울처럼 주님의 영광을 비추어줍니다. 동시에 우리는 주님과 같은 모습으로 변화하여 영광스러운 상태에서 더욱 영광스러운 상태(apo doxēs eis doxan)로 옮아가고 있습니다. 이것이 성령이신 주님께서 이루시는 일입니다.(2고린3,18)[7]

---

[7] Gregorius Nyssenus, *In Canticum Canticorum*, 김산춘 역 『아가 강화』 (정교회출판사 2021) J 160을 보면, 초월적 신관(神觀)이 에펙타시스적 인간관의 존재론적 기초가 되어 있음을 알 수 있다.

동방 그리스도교의 영적 감각론

Hans Urs von Balthasar

발타자르는 계시에 관한 주관적 명증(evidence), 즉 신앙 체험에 관한 모든 논의는 '영적 감각들(spiritual senses)'에서 정점에 달한다고 한다.[1] 어떤 실재를 지각하는 일은 감각을 통해서만 가능하므로[2] 감각을 강조하는 것은 결코 지나친 일이 아니다. 그런데 하느님은 세상 한가운데서 자신을 드러내 보이셨으므로 감각은 영적일 필요가 있고, 반대로 신앙 또한 감각적일 필요가 있다. 한 그리스도인이 그리스도와 함께 부활한다면 그는 영적인 인간이 된다. 영적 인간은 영적인 지성과 의지뿐 아니라 영적인 감각과 영적인 상상력도 가지고 있음이 틀림없다.[3]

인간에게 실재의 직접적인 지각으로서의 체험은 감각과 영혼이라는 양극에서 일어난다. 이 양극을 연결시키는 것은 어렵다. 발타자르는 이 연결의 중심에 영적 감각이라는 거리를 설정한다. 하느님은 신에 대한 인간의 자기동일시(identification)를 통해서가 아니라 경배(adoration)라는 거리를 통해서만 지각되기 때문이다. 발타자르는 영적 감각이 대관절 가능한 것인지, 가능하다면 어떻게 구성되는지를 묻고, 이를 심리철학적으로가 아니라 신학적으로 다룬다. 그래서 그는 영

---

[1] *Glory* 1, p. 365.

[2] 토마스 아퀴나스 『신학대전』 I, 84, 6. "감각에 존재하지 않는 것은 지성에도 존재하지 않는다."

[3] *Glory* 1, p. 366.

성 신학사의 세 고전을 먼저 더듬어 살핀다.[4] 그에 맞추어 우선 영적 감각론의 창시자 오리게네스를 살펴볼 것이다. 다음으로는 오리게네스의 영적 감각론에 꽃을 피운 니사의 그레고리오스의 『아가 강화』의 알레고리적 해석 몇 군데를 음미해보고자 한다. 풍요로운 정서가 메말라버린 주지주의적 현대 신학에서, 그것은 촉촉한 사랑에 대한 그리움을 불러일으킬 것이다. 그리고 마지막으로는 동방 그리스도교의 영적 운동인 헤시카즘(Hesychasm)의 이론적 완성자 그레고리오스 팔라마스의 영적 감각론을 살펴봄으로써, 고전적 동방 세계가 내린 나름대로의 결론을 음미할 기회를 가진다. 여기에 덧붙여 발타자르가 동방과 서방교회의 차이를 시각과 청각의 비교를 통하여 논한 바를 '그리스도의 변모'를 묘사한 동·서방의 두 미술 작품에서 확인해보고자 한다(두 작품은 면지에 실었다).

옛 그리스 사람들에게 영혼(psychē)은 육체를 살게 하는 생명의 원리였다. 아리스토텔레스는 『영혼에 관하여』 제2권에서 영혼을 다음과 같이 정의한다.

> 영혼이란 가능적으로 생명을 가진 자연적 물체의 형상(形相)이란 뜻에서 실체이다. 그리고 이런 의미에서의 실체는 종국태(終局態,

---

[4] 같은 책, pp. 371~378. 그 세 고전은 오리게네스, 보나벤투라, 이냐시오 데 로욜라다.

entelecheia)이다.[5]

이미 소크라테스가 보기에도 인간의 가장 중요하고도 시급한 과제는 바로 '영혼의 돌봄(epimeleia tēs psychēs)'이었다.[6]

그러나 그리스도교는 인간이 영(pneuma)과 혼(psychē)과 신체(sōma)로 이루어져 있다고 한다.[7] 여기서 혼, 즉 영혼(psychē)은 하느님의 영과 관계하고, 이른바 하느님의 영을 받는 곳, 또는 신적 세계로의 창구라는 속성을 지닌다.[8]

그리스철학(philosophia, 애지愛智)은 영혼의 경이(驚異, thauma)에서 출발했지만,[9] 데카르트의 회의(懷疑)와 함께 출발한 근대 서양철학은 니체와 하이데거에 이르러 영혼[Cogito]의 종말을 선언했다. 그러나 지성이 사라진 뒤에도 여전히 감성은 살아 움직이는 치매 노인의 경우처럼,[10] 현대의 포스트모던 문화는 진리를 과학적 지식의 실증주의적 모델보다는 오히려 예술 체험이나 수사학적 모델에 기초해서 해석한다.[11]

---

5 아리스토텔레스 『영혼에 관하여』 412a 20.

6 今道友信 『西洋哲學史』 (東京: 講談社 1987) p. 39.

7 「데살로니카인들에게 보낸 첫째 편지」 5장 23절.

8 김산춘 역 『아가 강화』 p. 28 (주)4 참조.

9 플라톤 『대화편』 155d 2~4 및 아리스토텔레스 『형이상학』 982b 12.

10 사사끼 『노망은 들어도 마음은 살아 있다』 (하나의학사 1988) pp. 85~112. 치매 노인들의 이상한 행동은 더러 부끄러움에서 비롯되는 경우가 있다고 한다.

11 Gianni Vattimo, *The End of Modernity* (Baltimore: Johns Hopkins University Press

철학도 종교도 예술도 종언을 선언해버린 오늘날 초월적 신비에 이르는 길은 더 이상 보이지 않는 듯하다. 어떻게 보면 〈감각의 제국〉이라는 영화 제목이 시사하듯 성(性)밖에는 남은 게 없는 것 같기도 하다. 성은 인간의 일부이지 전부가 아니다. 그렇다고 해서 금욕주의자들처럼 성이라는 자연적 본능을 억압할 필요는 없다. 그럴수록 성에 사로잡히고 말 것이다. 안셀름 그륀(Anselm Grün, 1945~) 신부는, "욕망을 끝까지 따라가보면 결국 하느님에 대한 그리움만 남게 된다."라고 한다.[12] 인간은 늘 그 무엇을 그리워한다. '그 무엇'은 바로 인간의 심연 한가운데 계시는 하느님이다.[13] 아우구스티누스가 탐구한 양극은 하느님과 인간이었다. 그는 『독백』에서 "주여, 당신을 알고 싶습니다. 그리고 나를 알고 싶습니다."라고 했다.[14]

이제 영-혼-신체가 하나였던 동방 그리스도교의 인간관을 영적 감각을 통해 재고함으로써 그리스의 이원론적 인간 분열 현상을 극복해보려고 한다. 그리스 사상의 영향권 내에서도 동방 교부들의 관심은 '이성적 동물(animal rationale)로서의 인간'이 아니라 시종일관 '인간의 신화(神化, theōsis)'로 향했다.

1988) p. 12.

12 Anselm Grün, *Spiritualität von unten*, 전헌호 역 『아래로부터의 영성』 (분도출판사 1999).

13 아우구스티누스 『고백록』 IV, 14.

14 아우구스티누스 『독백』 1, 2.

우리는 지난 세기, 인간성 회복을 끊임없이 주창했다. 동방 교부들에 의하면 참다운 인간성 회복은 감각(신체)의 복권(復權)에서 완성된다.

동물은 인간보다 예민한 감각을 본능적으로 통제한다. 그러나 인간은 자신의 둔한 감각조차 제대로 통제하지 못한다. 왜 이성적이라고 자부하는 인간의 감각은 비이성적인 동물의 감각보다 발달하지 못한 것일까? 종종 이성만 발달하고 감각이 세련되지 못한 인간이 동물만도 못한 행동을 저지르는 것을 볼 때, 우리는 인간에 대한 환멸을 느끼곤 한다.

성 베네딕도의 『수도 규칙』은 '겸손'을 가장 길게 설명하는데, 겸손에는 12단계가 있다고 한다. 성 베네딕도가 겸손이라는 사다리의 두 다리를 우리의 육체와 영혼으로 보고, 이 두 다리 사이에 겸손의 12단계를 걸쳐 넣는 방식은 자못 흥미롭다. 더욱 흥미로운 것은, 겸손의 마지막 단계가 "수도승이 마음으로뿐 아니라 '몸'으로도 자기를 보는 사람들에게 겸손을 항상 드러내는 것"[15]이라는 점이다. 이를 통해 미루어보면, 감각이 동물적인 사람은 그 자체로 동물이며 감각이 신적인 사람은 그 자체로 신일 것이다.

---

15 이형우 역 『성 베네딕도 수도규칙』 (분도출판사 1991) VII, 62.

1. 오리게네스

오리게네스의 사상사적 위치

오리게네스의 사상은 카파도키아 교부들을 통해 암브로시우스와 아우구스티누스에게, 그리고 아우구스티누스를 통해 서방 중세에 전해진다. 그리하여 오리게네스는 명실공히 동·서양 교회의 초석이 되었다. 2000권이 넘는 저서가 담긴 향유 단지는 몇몇 주제들 때문에 깨져버렸는데[1] 오히려 그럼으로써 그 향기가 교회라는 온 집 안에 진동하게 된다.[2]

신체(물질적 이미지)에서 정신(관념의 진리)에로 이르는 길은 오리게네스에게 결코 신체나 이미지의 파괴가 아니다. 그것은 변모(變貌, transfiguration)요, 식(蝕, eclipse)이요, 헤겔적 지양(止揚, Aufhebung)이다. 오리게네스는 감성적인 모든 것은 하느님의 불[靈]로 태워져야 한다고 생각했다. 감성적인 것들은 이 불을 통해서만 구원을 받는다고 믿었던 것이다.[3] 한편 참된 지식은 오직 행위에 의해서만 얻을 수 있다고 한다. 아직 정화·준

---

[1] 오리게네스는 정통 교리가 확립되기 전에 플라토니즘의 영향으로 몇 가지 오류를 범한다. 예를 들면, 종속주의적 삼위일체론, 영혼의 선재(先在), 로고스의 천사적 육화, 지옥의 해체 등이 그것이다.

[2] Hans U. von Balthasar (ed.), *Origen: Spirit and Fire* (Washington D.C.: Catholic University of America Press 1984) p. 2.

[3] 같은 책, p. 16.

비되지 않은 사람에게 고차적인 지식의 선취(先取)는 실존적으로 해롭다고 본 것이다. 실존에서 성숙의 각 단계는 그에 상응하는 진리를 가지므로, 하느님의 말씀은 육화를 통해 이 실존의 각 단계에 자신을 맞춘다. 그리하여 육화는 모두에게 모든 것이 될 수 있었다.[4] 이러한 알렉산드리아학파의 육화관은 발타자르에게 공을 연상하게 했다. 높은 데서 떨어진 공은 땅에 부딪치자마자 무서운 힘으로 되튀어 오른다. 이 상승의 신학(ascensus-theologia)에서, "그분은 커지셔야 하고 나는 작아져야 한다."(요한3,30)라는 세례자 요한의 말은 이렇게 수정된다. "외적인 인간인 나는 작아져야 하고 내적인 인간인 나는 그분과 함께 커져야 한다."[5] 그리하여 내적 인간은 타볼산에서 변모하신 그리스도(마태17,1~8; 마르9,2~8; 루가9,28~36)의 충만한 빛에 참여할 때까지 상승해간다.

오리게네스는 영적 감각론을 수립한 최초의 학자였다.[6] 이

---

4 같은 책, p. 17.

5 같은 책, p. 18.

6 Karl Rahner, "Le Début d'une doctrine des cinq sens spirituals chez Origène," *Revue d'ascétique et de mystique* XVI, 1979, pp. 81~103. 라너에 의하면, 영적 감각이란 영혼의 관상학(觀想學, enoptikē)적 체험, 즉 하느님을 관상하는 영혼의 체험을 자세히 표현해주는 한 방법이다. 다시 말해 그것은 최고 단계의 영성 생활인 삼위일체의 관상을 뜻하며 폰토스의 에바그리오스(Evagrius Ponticus)가 최초로 상용한 용어 theologia의 심리학적 표현이다. 오리게네스의 '영적 감각'에는 두 요소가 있다. 하나는 선악의 식별 능력을 부여한다는 것이며, 다른 하나는 관상에서 하느님 체험의 다양함과 풍요로움을 표현한다는 것이다.

것은 훗날 모든 신비신학의 핵심 요소가 되었다. 그리스도인들은 은총을 통하여 '신적인 것을 위한 감각 능력'을 부여받는다. 그런 내적 감각은 삶에서 하느님이 무엇을 원하시는지 정확히 가르쳐준다. 그러므로 내적 감각은 성령의 은사들과 합치한다. 오리게네스는 하느님의 말씀이 우리 영혼을 다양한 방식으로 격려하여 감각을 각기 다른 방식으로 만족시킨다고 한다.

> 그리스도 예수가 "참 빛"(1요한2,8)이라고 불린 이유가 이것이다. 영혼은 비추어진 눈을 가지게 될 것이다. 또 "말씀"(요한1,1)이라고 불린 이유가 이것이다. 영혼은 들을 귀를 가지게 될 것이다. 또 "생명의 빵"(요한6,35)이라고 불린 이유가 이것이다. 영혼은 맛보는 혀를 가지게 될 것이다. 또 나르드 향이라고 불린 이유가 이것이다. 영혼은 말씀의 향기를 맡는 코를 가지게 될 것이다. 또 "사람이 되신 말씀"(요한1,14)이라고 불린 이유가 이것이다. 영혼은 생명의 말씀을 만지는 내적인 손을 가지게 될 것이다.[540][7]

오리게네스는 말씀이 각각의 감각들에게 능력을 부여했을 때 다음과 같은 일들이 벌어진다고 한다.

---

[7] 오리게네스 『아가 주해』 II, 9. 인용문 끝의 숫자는 Hans U. von Balthasar (ed.), *Origen: Spirit and Fire*의 편집 순번이다.

그때 눈은 "외아들의 영광을"(요한1,14) 볼 것이며, 그 외의 것 보기를 원하지 않을 것이다. 뿐만 아니라 귀도 "생명의 말씀"(1요한1,1)과 "구원의 말씀"(사도13,26) 이외의 것을 듣고 싶어 하지 않을 것이다. 코는 그리스도의 향기(아가1,3~4) 이외의 것을 맡으러 서둘러 달려가지 않을 것이다. 또 생명의 말씀을 만진 손은 물질적이고 부서지기 쉽고 멸망에 종속되어 있는 것들을 만지고 싶어 하지 않을 것이다. 하느님 말씀의 선하심과 그분의 살과 하늘에서 내려온 빵(요한6,33; 52~58)을 "맛본"(히브6,5) 혀는 다른 것을 맛보려 하지 않을 것이다.[541]

확실히 인간에게는 솔로몬이 "신적인 감각"(잠언2,5)이라고 부른 것, 예레미야가 "마음의 감각"(예레4,19)이라고 부른 것, 바오로가 "좋고 나쁜 것을 분간하는 세련된 지각"(히브5,14)이라고 부른 것이 있다.[542]

신체에 미각과 시각이 있듯이 영혼도 그러하다.

주님이 얼마나 좋으신지 너희는 맛보고 깨달아라.(시편34,8)
Gustate, et videte quoniam suavis est Dominus.

오리게네스는 내적 감각으로 하느님을 느낄 수 있는 것처럼 영적인 죽음도 느낄 수 있다고 한다.

여기 서 있는 사람들 중에는 죽기 전에 사람의 아들이 자기 나라
에 임금으로 오는 것을 볼 사람도 있다.(마태16,28)
내 말을 잘 지키는 사람은 영원히 죽지 않을 것이다.(요한8,51)
곪아 터진 상처에서 냄새가 납니다.(시편38,5)

오리게네스는 육체의 감각이 썩으면 아무것도 받아들일
수 없듯이, 영적인 감각을 잃어버리면 하느님을 볼 수도, 말씀
을 들을 수도, 그리스도의 향기를 맡을 수도, 하느님 말씀의
좋음을 맛볼 수도 없다고 한다. 그런 사람은 죽은 것이나 다름
없다. 그리스도는 바로 그런 우리를 찾아오셨고 당신의 은총
으로 우리의 감각에 생명을 주셨다. 그리스도가 장님을, 귀머
거리와 벙어리를, 팔이 굽은 병자를 치유하셨다는 복음서의
많은 예화들은 죄로 상처받은 영적 감각의 치유(재창조)를 의
미한다. 그것은 하느님과 그 아드님과의 친교(koinōnia)를 통해
우리도 행복 자체이신 분의 진리를 알고, 그 선하심을 사랑하
며, 그 아름다움을 즐거워하기 위함이다.(1요한1,3 참조)

영적인 싸움

감각은 영이 하느님과 통교하기 위해서뿐만 아니라 선악
을 식별하기 위해서도 존재한다. 영적 싸움이라는 개념은 대
부분 오리게네스에게서 왔다. 그리고 이 개념은 대 바실레이
오스(Basilius Magnus, 329~379년경)를 거쳐 이냐시오 데 로욜라

의 『영신수련』에까지 이른다.

보통 사람들은 악마가 없으면 죄도 없을 것이라고 생각한다. 그러나 오리게네스는 적(괴멸시켜야 할 악한 존재)은 바로 자신의 마음에서부터 온다고 했다.

> 우리가 악덕으로 악마에게 힘을 실어주지 않으면, 악마는 우리보다 강해질 수도 없고 또 어떤 일도 할 수 없다.[551]

그러므로 유혹은 이미 존재하는 어떤 내적 무질서를 폭로하는 것이다.

> 자기 자신에게조차 감추어져 있고, 하느님에게만 알려져 있는 것이 유혹에 의해 드러난다.[552]

> 인간의 의지가 선을 완성에로 가져갈 수 없듯이(왜냐하면 하느님의 도우심을 필요로 하므로), 악도 우리의 내적 무질서에 의해서만 힘을 쓰기 시작하고, 가능한 한 그 악이 최대한으로 커지도록 모든 수단과 방법을 동원한다.[553]

오리게네스에게 이 싸움은 분명히 영혼 안에서 하느님 상(像)이 성장하는 일과 관련 있다.

> 의인이 영혼의 위대함을 통해 하느님을 크게 찬미하듯이[8] 악인

은 자신 속에 있는 악을 통해 주님을 작게 만든다. 그러나 주님은 결코 작아지시는 일이 없다. 그것은 우리가 구세주—말씀·지혜·덕—의 형상 대신 악의 형상을 입는다는 뜻이다.[554]

오리게네스는 영혼이 야전 사령관 예수 그리스도를 따라, 어둠의 왕국과의 위대하고 우주적인 전투에 임함으로써 더욱 성장한다고 한다. 확실히 우리가 싸워야 할 것은 인간이 아니라 암흑 세계의 지배자들(에페6,12)이다. 전투에 임하는 자는 모든 것을 버리고(루가14,33), 자기 십자가를 지고(마태10,38; 루가14,27), 사령관이신 그리스도의 깃발 아래 모여야 한다.[9]

영의 식별과 내적 감각

오리게네스는 빛에도 두 가지가 있다고 말한다.

우리의 영혼은 결코 사라지지 않는 참 빛(요한1,9)이신 그리스도에 의해 비추어지거나, 일시적이고 꺼져버릴 빛에 의하여 비추어진다. 후자는 빛의 천사로 가장한 놈인데(2고린11,14) 죄인들의 마음을 거짓 빛으로 채워서, 파멸해버릴 것들을 좋거나 가치 있

---

8 「루가의 복음서」 1장 46절 "Magnificat anima mea Dominum."

9 이냐시오 데 로욜라 『영신수련』 (한국천주교중앙협의회 1967) no.136~148에 같은 내용이 나온다.

는 것처럼 보이게 한다.[562]

식별의 기준은 이것이다.

한 영혼이 죄와 악덕·슬픔·화냄·욕망·탐욕으로 혼란해져 있으면 그것은 악마가 영혼을 바빌론으로 끌고 가는 것이다(에제 17,12). 그러나 마음 깊은 데서 고요와 평안이 있으면 그것은 예루살렘이 영혼 안에 머무는 것이다.[563][10]

정화되지 않은 영혼은 물과 불 속을 지나서 나아가는 자(시편 66,12)와도 같다. 그들은 두려워하면서도 대담하고, 다신교도이면서 무신론자다. 그리고 절제 없이 사랑하다가 즉시 증오로 돌아선다.[567]

오리게네스는 유혹이 마치 폭우 같다고 한다. 느닷없이 영혼을 공격하다가 금세 사라지며 말라버리는 것이다(시편 124,5). 따라서 동요는 심하나 완전히 추락하지 않았을 때 그 동요에서 벗어날 수 있다는 것과, 하느님께서 거룩한 광야로 이끄신다는 것을 믿어야 한다.[11] 본성이 주님의 현존을 느끼

---

10 『영신수련』 no.313~336에는 선신(善神)과 악신(惡神)을 분별하는 규범들이 나온다. 분별의 기준은 위로(consolatio)와 고독(desolatio)이다.

11 谷隆一郎 『東方教父における超越と自己』 (東京: 講談社 2000) pp. 191~193. 카파도키

고, 본성 안에 사신다는 것을 안다면, 「시편」 저자가 그랬듯이 주님의 도우심을 확신해야 한다. "야훼께서 나의 빛, 나의 구원이시니, 내가 누구를 두려워하리오."(시편27,1) 이제 내적 감각의 의미를 각각의 감각 활동을 통해 살펴보자.

시각(inner sight)[12]

오리게네스에 의하면, 흐트러짐 없이 하느님과 낙원을 즐거워하던 아담과 하와의 영적인 눈은 죄 때문에 닫히고, 닫혀 있던 육적인 눈이 열렸다.(창세3,7)

아 수도자들의 거룩한 광야, 즉 내적 사막에서의 체험은 이의 구체적인 증거다. 카파도키아는 소아시아의 중부, 뾰족한 모자 같은 기암(奇巖)이 끝없이 펼쳐진 황야이다. 그런 환경에서 먼 옛날 그리스도교 역사상 특기할 만한 수도 생활이 개화한 데에는 상징적 의미가 있다. 사막에서는 그 엄혹한 자연 조건 때문에 거의 모든 존재의 형태가 풍화하고 소실된다. 따라서 인간으로서 삶을 살아가기 위해 필요한 극한적 경지가 드러남과 동시에 거기서 사는 사람의 삶이 하느님의 시선 앞에서는 대관절 무엇인지가 사정없이 드러나는 것이다. 그때 사람이 절반 가량 무의식 가운데 의지하고 있던 일시적인 지탱물들은 제거되고, 또 자아라고 하는 성(城) 주위를 몇 겹씩 두르고 있던 방벽들도 무너져 내린다. 그러나 그러한 상황이기에 더욱더 자기 자신의 내오(內奧)를 응시할 수밖에 없다는 점에서 사막은 또한 하느님이 가장 여실하게 현전하는 장소가 될 수 있는 것이다. 그리고 그때 깨닫게 되는 것은, 자신이 어떤 무(無)로 돌아간다는 것과 그러한 영혼 안에 하느님의 영이 깃든다고 하는 일종의 역설이다. 즉 사막 은수자의 삶은 단지 세계 및 타자와의 고립 내지 자기 폐쇄가 아니라 오히려 세계와 자기 존재의 근원으로 돌아감으로써 이루어지는 신적인 친교로의 도행(道行)인 것이다.

12 플로티노스는 『엔네아데스』(1권 6부 8장)에서 이렇게 말한다. "두 눈을 감고 마음속에 잠자는 또 하나의 시력을 일깨워야 한다. 이 마음의 눈은 누구나 태어날 때부터 지니고 있지만, 이를 제대로 활용하기에 이르는 사람은 얼마 안 된다."

그러므로 육적인 눈이 의미하는 것은 감각의 외적인 봄(outer seeing)이 아니라, 사물을 통해 하느님을 보지 않고, "죄스럽게 자기 자신을 보는 것(sinful seeing of oneself)"이다.[624~625]

그리고 육안(肉眼)과 영안(靈眼)은 양립할 수 없다.

그리스도를 육안으로 보았다 해서 다 영적으로 본 것은 아니다. 예수를 매질하게 한 빌라도와 십자가에 못 박으라고 한 군중들도 다 예수를 육안으로 보았다. 그러나 예수가 하느님의 말씀이며, 하느님의 아들이고, 아들 안에서 아버지를 본다(요한14,9)고 말하지 않는다면 아무도 예수를 '보았다'고[13] 할 수 없다.[626]

오리게네스는 "우리가 그리스도의 영적인 안수를 통해서 보게 될 것[630]"이라고 한다.

우리가 길가에 앉아 있는 장님이라는 것을 깨닫는다면(마태20, 29~34), 그리고 지금 예수께서 그 길을 지나시는 소리를 듣는다면, 우리의 기도로 그분을 멈추게 하고 우리의 눈을 열어달라고

---

[13] 예수는 세례자 요한의 제자들에게 "와서 보라."(요한1,39)라고 말씀하신다. 또 필립보도 나타나엘에게 "와서 보라."(요한1,46)라고 권한다. 예수는 나타나엘에게 "하늘이 열려 있는 것과 하느님의 천사들이 하늘과 사람의 아들 사이를 오르내리는 것을 보게 될 것이다."(요한1,51)라고 말씀하신다. 그러나 사도 토마에게는 "나를 보지 않고도 믿는 사람은 행복하다."(요한20,29)라고 말씀하신다.

청할 것이다.[631]

촉각(touch)

신앙이 객관적 지각에서 주관적 통찰력으로 나아가는 것처럼, 영적인 촉각 또한 객관적이고 성사(聖事)적인 것에서 주관적이고 인격적인 하느님과의 접촉으로 나아간다. 그리고 하느님과의 접촉에 이르는 유일한 길은 그리스도와 접촉하는 것이다.[680]

「아가」는 "아, 제발 그이가 내게 몇 번이고 입 맞춰주었으면!"(아가1,2) 하고 시작한다. 입맞춤이야말로 영적 접촉의 최고 상징이다. 오리게네스에게 신랑의 입은 정신을 비추는 능력으로 이해된다.[686]

후각(smell)

오리게네스에 의하면, 하느님의 향기가 이 세상으로 흘러드는 것은 오직 하느님의 자기 비움(kenosis)을 통해 나르드 향유 단지(그리스도의 몸)가 깨졌을 때뿐이다. 그는 「아가」 1장 12절의 드라마를 다음과 같이 구성한다.

> 그녀의 나르드 향유는 처음에는 향기가 없는 듯 보이나, 그 향유가 신랑 몸에 닿았을 때, 향기가 난 듯하다. 즉 신랑이 향유로부터 받은 향기는 신랑으로부터 나온 향기보다 훨씬 못한 것이다. (…) 그 자연적 향기는 분명 신랑의 향기에 압도되어 그 감미로움

을 신부에게 되돌려준다.[690]

그리고 이를 다음과 같이 영적으로 이해한다.

마리아라는 인물에서 교회로서의 신부를 본다. 그녀는 비싼 나르드 한 근을 가지고 와서 예수의 발에 바르고 자신의 머리카락으로 닦았다.(요한12,3) 그녀는 자신의 머리카락을 통하여 예수의 몸의 능력과 향기가 듬뿍 스며든 도유(塗油)를 받은 것이다.[690]

「아가」의 신부도 「요한의 복음서」의 마리아도 하느님께 드리는 "그리스도의 향기"(2고린2,15)다. 그래서 「아가」의 신랑(예수)은 "내게 갸륵한 일을 했다."(마르14,6)라고 그녀를 칭찬한다.

청각(hearing)

오리게네스에게 들음은 내적인 준비이며, 영혼이 내적 대화를 위해 하느님께 향해 있는 경청의 자세다. 그러나 죄는 영혼의 귀를 먹게 한다.[610~612] 고요한 준비만이 더욱 신비적이고 가까운 하느님과의 일치를 이룩한다.[613~618] 그리고 이 들음은 행위가 함께할 때만 유지된다.[619]

미각(taste)

영혼은 하느님의 영적인 감미로움을 맛본다. 그러나 죄는 이를 쓰게 만든다.[691~693] 오리게네스는 감각과 영의 유비를 통해 영적 감각을 발견했다. 이상의 오리게네스의 영적 감각론을 발타자르는 다음과 같이 요약한다.

> 오리게네스는 성경[14]과 플라톤을 토대로 다섯 가지 영적 감각을 생각해냈다. 첫 번째, 케루빔이나 세라핌처럼 초자연적인 것을 관상하는 시각, 두 번째, 공기 중에 울리지 않는 것을 듣는 청각, 세 번째, 세상의 생명을 위해 하늘이 내리는 빵을 맛보는 미각, 네 번째, 바오로가 그리스도의 향기라고 말한 후각, 다섯 번째, 요한이 손으로 생명의 말씀을 만져보았다는 촉각이 그것이다. 이 다섯 감각은 원래 불멸하는 신적이고 영적인 것들로서 하느님과 신적인 것들을 지각하던 능력인데, 죄로 인해 사멸하는 물질적이고 인간적인 감각 속으로 추락해버렸다는 것이다. 즉 아담과 하와는 죄로 인해 그들의 영적인 눈이 닫히고 대신 감각적인 눈이 열린 것이다. 그러나 우리는 성경적 오리게네스와 플라톤적 오리게네스를 동일시해서는 안 된다. 성경은 결코 물질과 육체가 나쁜 것이라고 말하고 있지 않기 때문이다.

그러면 그를 어떻게 해석할 것인가? 플라톤처럼 영적 감각을 영적이라고만 말할 수 없다. 플라톤적 이원론이 되어버리기 때문이다. 신비주의만이라고도 말할 수 없다. 그것은 일상의 살아 있는 믿음과 반대되기 때문이다. 발타자르는 오리게네스의 이원론

---

[14] 특히 하느님을 아는 것(잠언2,5) 및 선악을 분별하는 감각을 경험을 통해 훈련 받는 것(히브5,14).

이 바오로가 말하는 그리스도교의 성경적 이원론에 가깝다고 말한다. 육적 인간이 있는 것처럼 영적(pneumatic) 인간도 있는 것이다.[15] 그리고 영적 감각의 대상은 발가벗은 하느님(Deus nudus)이 아니라 예수 그리스도 안에서 지상으로 내려온 천상이다. 그러나 여기서 지상의 감각이 은총의 주입에 의해 천상의 감각이 된다 하더라도 이중적 해석은 불가능하다. 그 둘은 동일한 감각이기 때문이다. 그러므로 오리게네스는 그리스도를 모방함에 따른 변화와 상태의 교환을 말한다. 그 그리스도는 원죄로 인해 황무지가 되어버린 우리의 자연 본성을 변화시켜 새롭게 하시기 위하여, 자신의 신적인 영과 우리의 영혼을 섞기 위하여 오신 분이다. 그분은 새로운 정신, 새로운 영혼, 새로운 눈과 귀와 혀를 창조하기 위해 오셨다. 우리의 옛 육적인 감각들은 그분의 죽음과 부활이라는 은총 안에서 영적 감각으로 새롭게 창조되는 것이다. 그러므로 누구든지 그리스도를 믿으면 새 사람이 될 수 있다.(2고린5,17)[16]

---

15 마카리오스는 다섯 영적 감각들이 위로부터 은총과 성령의 성화를 받는다면 현명한 다섯 처녀가 되지만, 자연 본성에만 의존한다면 미련한 다섯 처녀가 된다고 말한다.(마태25,1~13)

16 *Glory* 1, pp. 368~371.

2. 니사의 그레고리오스

교부의 생애[1]

"교부 중의 교부"라는 니사의 그레고리오스는 소아시아의 카파도키아 지방 카이사리아에서 태어났다고 전해진다. 그는 형 바실레이오스, 나지안조스의 그레고리오스(Gregorius Nazianzenus, 379~381)와 더불어 "카파도키아의 세 별"이라는 찬사를 받아왔다. 그는 한때 교회의 성경 봉독자로 일하기도 했으나 나중에는 결혼도 했고 자기 부친처럼 수사학 교사 노릇도 했다. 하지만 참다운 친구 나지안조스의 그레고리오스의 권유로 수도 생활을 시작했으며, 371년에는 형 바실레이오스의 천거로 소도시 니사의 주교가 되었다. 381년 콘스탄티노폴리스 공의회에서 삼위일체 교의, 특히 성령론을 확립하는 데 주도적인 역할을 수행한 후, 다시 카파도키아로 물러나 자신의 자질과 소명에 충실하게 관상과 수도 생활에만 주력했다. 『아가 강화』를 쓴 것은 만년인 390년대이다. 이 작품은 『모세의 생애(De vita Moysis)』와 더불어 그레고리오스 만년의 가장 원숙한 사색과 관상의 정화(精華)이며, 교부들의 황금시대라고 일컬어지는 4세기를 대표하는 작품 중 하나다. 귀부

---

1 土井健司 『神認識とエペクタシス』 (東京: 創文社 1998) pp. 31~41.

인 올림피아스에게 보내는 서한 형식으로 된 『아가 강화』는 그러한 당시 수도적 친교의 소산으로 사람들 사이에서 낭독되었고, 당대뿐만 아니라 후대의 영적 진보에도 큰 도움을 주었다.

가변적인 육체와 질료의 복권

니사의 그레고리오스의 애지(愛智, philosophia)에서, 영혼의 자기초월적 동성(動性), 탈자적·자기초월적 지향 및 사랑으로서의 에펙타시스(epektasis)는 날줄이요, 자타의 전일(全一)적 친교로서의 에클레시아(ekklēsia)는 씨줄이다.[2]

그레고리오스에게 완전한 삶이란 보다 나은 방향을 향하여 끊임없이 성장해가는 것이다. 따라서

> 인간 본성의 완전성은 선미(善美)에의 더 많은 참여를 끊임없이 지향하고 의지하는 데 있다.(『모세의 생애』 1,10)

그레고리오스는 이런 아주 동적인 구조를 가진 인간 본성의 완전성을 '아레테(aretē)'라고 불렀다. 그리스철학에서 고정된 덕(德)을 뜻하는 이 말이 그에게는 '보다 나은 것을 향하여

---

[2] 다니 류이치로(김산춘 역) 「니싸의 그레고리오스의 "모세의 생애"」『들숨날숨』 2001년 11월호, pp. 58~61.

끊임없이 증대되어 간다'는 인간 본성의 완성된 모습을 뜻한다. 그러므로 영혼이나 삶은 보다 나은 것을 향하여 끊임없이 생성하는 것이다. 여기에 동일한 주어(主語) 존재는 없고, 자기초월적인 동적 형태만이 발견된다. 그런데 보다 나은 방향으로 끊임없이 생성하는 자기초월적 형태야말로 신적인 존재가 육화·현현하는 모습이다. 거기서 인간 존재는 어떤 고정된 개별 형상이 아니라 선의 초월성에 대하여 철저하게 열린 동적 형태로 남아 있다.[3]

모든 유한한 선이 영혼의 자기집착적 욕구의 대상으로서 그 자체 안에 폐쇄되어 있으면 반드시 부정되고 돌파되어야 겠지만, 하느님을 향한 탈자적 사랑으로 고무된 영혼에게 초월적인 선은 멀리서 지시하는 상징으로서 수용된다. 그러므로 질료적이고 육체적인 것, 유한하고 가변적인 세계와 타자는 결코 단순하게 버려지는 것이 아니라, 근본적인 자기 부정과 정화의 계기를 통하여 새롭게 소생되고 복권된다. 이것은 "육체 및 질료의 복권" "세계 및 타자에로의 귀환"이라고 부를 만한 사태이다.[4]

즉 인간과 세계의 가변성은 그리스적 형상(본질)주의에서는 비존재로 기울어질 따름이나, 히브리적 다이너미즘(dynamism)을 보여주는 에펙타시스에서는 "하느님을 수용할

---

[3] 谷隆一郎 『東方教父における超越と自己』 pp. 129~130.
[4] 같은 책, p. 202.

수 있는 자"(『아가 강화』 69, 87), "파악할 수 없는 본성을 받아들이는 집"(『아가 강화』 88), 곧 무한한 존재의 깃듦 내지 현현이 되는 것이다. 이 또한 가변성의 복권이라 부를 만한 사태다.[5]

그렇다면 에펙타시스는 개인으로서의 인간에게만 속하는 것이 아니라 뭔가 전일적이고 동적인 친교로서 발생하는 것임을 예상할 수 있다. 즉 우리는 각자의 방식으로 '자기 죽음'을 통하여 모두 '신성의 전일적 친교(에클레시아)'에 참여하도록 초대받고 있는 것이다.

이 유한한 삶에서 우리가 알 수 있는 것, 할 수 있는 것 하나하나는 따로 떼어놓고 보면 정말 사소하고 무상하다. 그러나 그레고리오스의 눈에 인간이라는 존재자는 모든 지나가버리는 것들의 슬픔 속에서도, 자기를 봉헌하는 작은 일들을 통해서 보면, 영원한 것의 현성(現成) 내지 육화로 자리매김되어 있다. 초월로 열린 가능성은 '인간으로 있음'의 이른바 '현실 이상의 현실'이다. 그 길을 간다는 것은 현재의 우리에겐 실로 지극히 어려운 도행(道行)이다. 하지만 이렇게 인간적 자유에 주어진 가능성이 그 현실을 향하여 조금이라도 발동한다면, 그것이 바로 믿음의 성립이 되는 것이다.

---

5   같은 책, p. 210.

「아가」에 대하여[6]

여덟 장으로 이루어진 이 작은 책은 구약성경에서 가장 큰 논란을 불러일으킨다. 매우 관능적인 표현 형태를 취하고 있는 이 사랑의 노래는 구약성경에서 도대체 어떤 의미를 가지고 있으며, 또 무슨 역할을 담당하고 있을까? 명백한 해석의 열쇠가 하나도 주어지지 않은 이 책은 누가 언제 쓴 것일까? 거룩한 노래인가, 아니면 세속적인 노래인가? 하나의 노래인가, 아니면 독립적인 노래들의 모음인가?[7]

한 가지 확실한 것은 서로 연관이 없어 보이는 많은 노래들이 전부 단일한 주제, 곧 관능적인 사랑을 다루고 있다는 사실이다. 또 부분적으로는 고대의 요소들을 담고 있으나, 최소한 주제에 따라 크게 한 작품을 이루는 노래들은 유배 시대 이후 편집된 것으로 보인다.[8]

이 모든 사실에도 불구하고 이 노래들이 구약성경 안으로 들어올 수 있었던 것은 하느님과 당신 백성(인간의 영혼) 혹은 그리스도와 교회 사이의 사랑을 노래했을 것이라는 비유적 해석 덕분이었다.[9]

---

6   임승필 역 『아가』 (한국천주교중앙협의회 1993) 입문 참조.
7   같은 책, p. 31.
8   같은 책, p. 32.
9   같은 책, p. 33.

『아가 강화』에 대하여[10]

구약성경의 「아가」를 처음으로 주석했던 교부는 로마의 히폴리투스(Hippolytus Romanus, 170~235년경)이다. 그리고 최고의 주석가인 오리게네스를 거쳐 니사의 그레고리오스에 이른다.

서로 사랑하는 연인들에게, 모든 것은 사랑의 표징으로 변한다. 연인의 미묘한 몸짓이나 언어 사용, 행동, 선물 등은 모두 사랑의 비유가 되는 것이다. 사랑이 현실, 원상(原像)이고 다른 것은 그 비유, 그림자가 된다. 이 비유라는 생각을 성경에 처음으로 응용한 교부가 오리게네스이다. 그는 필론(Philon, 기원전 15~기원후45)의 영향을 받아, 성경의 문자적(역사적) 의미의 배후에 있는 정신적 의미와 현실을 탐구했다. 이것이 성경의 비유(allegoria)적 해석 방법이다.

그것은 눈에 보이는 세계로부터 눈에 보이지 않는 마음의 세계로의 초월의 방법이다. 그리고 인간은 이로써 감성계에서 영적·정신적 세계로 비약할 수 있게 되었다. 이 방법에 의해 성경이 기록한 역사적 사건의 단편적 진리들은 그것들이 상징하는 그리스

---

10 김산춘 역 『아가 강화』 (정교회출판사 2021). 이하의 인용문 끝의 숫자는 번역 원문으로 삼은 *In Canticum canticorum*(Leiden: Brill 1960), 통칭 '라이덴 판'의 페이지 숫자이다. [J ○○○으로 표기]

도의 전면적인 진리에 도달할 수 있었다.[11]

니사의 그레고리오스의 『아가 강화』는 성경의 비유적 해석 가운데서도 최상의 예술 작품으로 꼽힌다. 『아가 강화』는 한마디로 말하면 영혼(인간)이 자기 존재의 고향이자 궁극적 사랑의 대상인 하느님을 동경하여 찾아가는 사랑의 여정을 기록한 글이다. 그레고리오스는 인간이라는 존재자가 가지고 있는 신비에 대하여 다음과 같은 기본적인 통찰을 우리에게 제시하고 있다.

> 그것은 "자유로운 선택(proairesis)" "보다 선한 것에로의 혼의 끊임없는 지향, 초출(超出, epektasis)" "인간 안에서의 하느님의 현현, 육화(oikonomia)" "다(多)이면서 동시에 일(一)인 신적인 친교(ekklēsia)" "그리스도의 죽음과 부활에 참여함을 통한 인간의 재창조(apokatastasis)"이다.[12]

『아가 강화』는 이러한 것들의 관상(theōria)과 자기 탐구의 길인 애지(philosophia)로 지금도 우리를 초대하고 있다.

---

11 김산춘 역 『아가 강화』 p. 11.
12 같은 책, p. 386.

영적 감각들

촉각[13]

아, 제발 그이가 내게 몇 번이고 입 맞춰주었으면!(아가1,2)

그레고리오스는 오리게네스와 마찬가지로 우리 안에 두 개의 감각, 즉 신체적인 것과 신적인 것이 있다고 한다.[J 34] 여기서는 신랑(말씀)과 신부(영혼)의 비신체적이고 가지적(可知的)인 접촉이 입맞춤이라는 촉각에 의해 상징적으로 표현되어 있다. "야훼께서는 마치 친구끼리 말을 주고받듯이 얼굴을 마주 대하고(prosōpon kata prosōpon) 모세와 말씀을 나누셨다."(신명 34,10; 출애33,11)라고 하나, 그레고리오스는 이를 "입과 입을 마주 대하고"[14]로 해석했다. 신랑인 말씀은 세상에 생명을 주므로(요한6,63) 그레고리오스에게 신랑의 입은 영원한 생명의 말씀이 넘쳐 나오는 원천인 셈이다. 그러므로 신부는 그 생명의 원천에다 몇 번이고 몇 번이고 입 맞추고 싶어 하는 것이다. 그녀는 자기 입술 끝이 선(善)에 가닿기를 바란다. 그리고 기도의 힘

---

13 플로티노스도 『엔네아데스』(6권 9부 11장)에서 신비적 합일을 가리킬 때, vision이나 contemplatio와 같은 시각 용어보다도 haphē(the sense of touch)와 같은 촉각 용어를 더 선호했다.

14 원문 "dia tēs stoma kata stoma"에서 stoma는 얼굴로도 입으로도 번역되는 말이다.

으로 그 아름다움에 가닿을 것이다. 입맞춤에서 비롯되는 최초의 은총에 의해서 그녀는 하느님의 깊이를 철저히 탐색하고 낙원의 성역에 들어갈 만한 몸이 되는 것이다. 그것은 예수의 발에 줄곧 입 맞추고 있던 용서받은 죄 많은 여인(루가7,36~50)의 모습을 연상시킨다.

후각

당신 향유의 향기는 모든 향료보다도 낫고(아가1,3)

여기서 향료는 현려(賢慮)·절제·정의·용기와 같은 덕을 가리킨다. 우리가 "자유로운 선택"으로 그 향료를 바른다면, 향료는 저마다 좋은 향기를 뿜어낼 것이다. 그러나 "하느님의 덕은 하늘을 다 덮고 있을 만큼"(하바3,3) 완전하다.[J 35]

그레고리오스는 우리가 흔적이나 섬광(이미 파악한 어떤 것)에서 출발하여, 유비에 의해 파악할 수 없는 것을 계속 추량(推量)하면서 언어에 의해 알려지지 않은 것을 향해 나아가듯이, 신성의 향기 또한 신학적 명칭이 그 향기 자체를 가리키는 것이 아니라 오히려 아슴푸레한 잔향(殘香)만 나타내고 있다고 한다.[J 37]

그러나 사람이 아름다움을 볼 수 있는 눈을 가지고 있다면, 어찌 그 아름다움을 사랑하지 않을 수 있으랴. 그것은 외관을 통해 우리가 추량한 것이 무한히 아름답기 때문이다.[J 38]

나의 나르드는 향기를 뿜고 있었네.(아가1,12)

그레고리오스에 의하면, 정화된 감각은 신랑의 좋은 향기를 받아들인다. 갖가지 덕의 목장에서 좋은 향기가 나는 풀들을 모두 모아 완전한 것이 되게 하면, 그 향기를 맡는 사람은 말씀이신 하느님 자체를 마치 자신 안에서 거울로 태양을 보듯이 보게 된다. 즉 덕의 광선은 정화된 삶에서 아파테이아(apatheia)[15]에 의해 빛나고, 선의 태양을 영혼의 거울에 비춤으로써 보이지 않는 것을 보게 하며 접근할 수 없는 것을 파악하게 한다는 것이다.[J 90] 그레고리오스는 어떤 상(像)에 의해 미의 원형이 유비적으로 파악되듯이 여러 덕으로부터 모든 정신을 초월하는 선의 인식이 우리 안에 생겨난다고 말한다.[J 91]

이리하여 바오로는 이 선미(善美)를 향기라고 했다. 즉 영의 열매인 사랑과 기쁨과 평화로 향료를 만들어 스스로 "그리스도의 좋은 향기"가 되는 것이다. 그런데 비둘기는 그 향기에 의해 더욱 강해지지만, 갑충(甲蟲)은 그 향기를 맡고 죽어버린다.[16] 즉 같은 향기가 "멸망당할 사람에게는 역겨운 죽음의 악취가 되고 구원받을 사람에게는 감미로운 생명의 향기가 되

---

15 스토아학파에서는 번잡한 정념(情念)으로부터의 일탈(逸脫)을 뜻하나, 교부들에게는 정화되어 하느님에게로 향하게 된 정념의 힘을 가리킨다.

16 아리스토텔레스 『이문록(異聞錄)』 147(845b).

는 것"이다.(2고린2,15~16)

또 마리아가 매우 값진 나르드 향유 한 근을 예수의 발에 붓자 온 집 안에 향기가 가득했는데(요한12,3), 여기서 그레고리오스는 집을 우주(세계) 전체, 교회의 몸이라고 해석한다. 그러므로 "온 세상 어디든지 이 복음이 전해지는 곳마다 이 여자가 한 일도 알려져서 사람들이 기억하게 될 것"(마태26,13)인데, 그레고리오스에게 "복음이란 다름 아닌 향기를 기억하는 것"이다.[J 93] 이 향기는 좋은 것에 대한 희망으로 영혼의 감각 기관을 기분 좋게 만든다.[J 97]

시각

그 눈은 비둘기
당신의 침묵은 별도로 하고(아가4,1)

그레고리오스는 지체 가운데 가장 존귀한 부분부터 찬미하기 시작한다. 눈보다 더 존귀한 지체가 있을까.

눈이 몸의 다른 감각 기관보다 상부에 놓여 있다는 것 자체가 삶에서 다른 모든 것보다 뛰어난 역할을 수행하고 있다는 것을 말해준다. 즉 사무엘은 '선견자(先見者)'였으며(1사무9,9; 16,4), 아모스 역시 하느님의 환시를 보는 선견자였고(아모7,12), 모세의 '통찰하는 눈'은 그 말의 유래를 보더라도 신(theos)이라 불려 백성을 인

도하는 것으로 질서 지어져 있었다. 교회도 이런 역할을 완수하는 사람들을 '눈'이라 부른다.[J 217]

교회에서 이러한 눈을 가진 사람은 어떤 질료적인 것, 물질적인 것에 눈을 돌리는 일이 없다. 그때 비로소 그 사람 안에 영적이고 비질료적인 삶이 제대로 형성되는 것이다. 따라서 눈에 대한 최상의 찬미는 성령의 은혜로 인간 안에 생명의 형상이 만들어지는 것이다. 왜냐하면 성령은 비둘기로 표징되기 때문이다.[J 219]

그런데 그레고리오스는 두 눈이 칭송되는 것은 인간의 전체, 즉 현상적인 면과 사유적인 면 전체가 찬미되기 위함이라고 한다.[J 219] 그는 각 사람 안에는 두 인간이 있어서 한쪽은 물체적·현상적인 것과 관계하고, 다른 한쪽은 사유적·불가시적인 것과 관계하는데, 이 두 인간은 쌍둥이로 태어나 한 마을에 살지만 타인으로 살아간다고 말한다.[J 241] 즉 영혼이 육체보다 앞서 존재하는 것도, 육체가 영혼보다 앞서 창조된 것도 아니라는 것이다. 이는 초기 오리게네스의 플라토니즘을 극복한 좋은 예로 보인다. 그레고리오스에 의하면 양자는 동시에 생명이 된 것이다. 그렇기는 하나 신랑은 "당신의 침묵은 별도로 하고"라는 표현으로, 신부를 찬미함에 탁월함을 더하고 있다.

즉 선한 삶은 확실히 스스로 드러나 남에게 알려지게 되는 것이나, 그 안에 감추어진 말할 수 없는 것은 오직 하느님을 통해서만 보인다. 때문에 하느님께 눈을 돌려 숨겨진 것을 보는 사람은 본 것을 밖으로 드러내기보다 침묵하는 것이 훨씬 그 대상을 찬미하는 것이라는 사실을 증언하는 것이다. 그때 침묵으로 경탄하는 대상은 확실히 찬미의 언어를 초월해 있기 때문이다.[J 219]

그대는 우리의 마음을 사로잡았소.
그대의 한쪽 눈에 의해.(아가4,9)

그레고리오스는 영혼에는 두 가지 보는 작용이 있다고 한다. 하나는 진리를 보는 작용이고 다른 하나는 헛되이 거짓에 속는 것이다.[J 257] 그런데 신부의 깨끗한 눈은 선(agathon)의 본성에 대해서만 열려 있고, 다른 눈은 기능하지 않으므로, 신부 친구들은 신랑만 보는 그녀의 한쪽 눈을 찬미하는 것이다. 그리고 신랑이라는 표현은 영원불변하며 동일한 본성에 있다고 사유되는 것, 즉 성부·성자·성령을 가리킨다.

비유로 말하면, 사시(斜視)는 비실체적인 것에 관한 빈약한 시각 밖에 지니지 못하여, 왜곡된 눈이 만들어낸 상(像) 때문에 본래 하나인 것을 분리하여 본다. 즉 그들이 많은 것을 본다 하나 그렇기 때문에 오히려 아무것도 못 보는 것이다. 한편, 신적인 것만 보는 예리한 눈을 가진 사람은 많은 사람이 보는 다른 모든 것에 대해서는 장님이다. 이처럼 많은 눈을 가진 사람은 많은 눈이 공허한 것을 보기 때문에 장님인 것이며, 영혼의 눈 하나가 선만을 바라보는 사람은 예리하고 투철한 눈을 지닌 것이다.[J 258]

깨어 있는 잠

모두들 칼 잘 쓰는 조련된 군인들(아가3,8)

그레고리오스에 의하면, 감각은 검사(劍士)와 같다. 각자의 칼을 뽑아 적을 공포에 빠뜨리는 것이다.

눈의 검이란 끊임없이 왕을 바라보면서 올바른 것을 응시하고, 부정(不淨)한 시각 대상에 의해 결코 부패하지 않는 것이다. 청각의 검도 마찬가지다. 하느님의 가르침만을 청종(聽從)하여 결코 허언(虛言)을 수용하지 않는 것이다. 미각도 후각도 촉각도 다 절제의 검으로 무장하고 저마다 자기에게 어울리는 갑옷을 입고 있어야 한다.[J 196]

검사는 아파테이아와 청정함 속에서 왕의 침대, 즉 자신의 마음을 호위하는 자다.[J 199]

나는 자고 있어도 마음은 깨어 있습니다.(아가5,2)

그러므로,

선을 관상할 때 육안은 마비된다. 청각도 마찬가지다. 언어를 초월한 것에만 전심하기 때문이다. 동물적 감각, 즉 노예와 같이 맹목인 촉각은 말할 것도 없다(촉각은 자연이 맹인을 위해서 만든 것이리라). 이른바 모든 감각이 잠든 것 같은 상태에 들어가버리면, 마음의 활동은 깨끗한 것이 되어 이성은 감각에 의해서 방해를 받거나 더럽혀지는 일 없이 위에 있는 것만을 목표로 한다.[J 313]

로스키(Vladimir Lossky, 1903~1958)는 『하느님의 비전(La Vision de Dieu)』에서 니사의 그레고리오스가 신학이라고 부르는, 일체의 개념을 초월한 하느님에 대한 지식을 다음과 같이 묘사한다.

하느님과의 일치는 지식이 억제되고 사랑만이 남은 영역, 오히려 지식(gnōsis)이 사랑(agapē)이 되는 영역에서 관상이나 지성을 넘어가는 길로서 제시된다.[17]

이렇게 그레고리오스는 관상가가 하느님의 압도적인 무한성을 체험할 수 있다고 말한다. 그러나 이 현존(現存, parousia)을 인식하는 양식은 인간의 경험과 능력을 넘는 새롭고 보다 고차적인 지식의 형태이다. 그래서 그레고리오스는 이를 "빛

---

17 George A. Maloney, *A Theology of Uncreated Energies*, 大森正樹 訳 『東方キリスト教神学神學入門』 (東京: 新世社 1988) p. 33.

나는 어둠"이라든가 "맑게 취함"이라든가 "깨어 있는 잠"이라든가 하는 역설적인 말로 나타낸 것이다.[18] 『아가 강화』에서는 그 파악할 수 없는 분이 현존으로 체험된다고 말한다.

> 신부는 신랑이 모습을 드러냄 없이 가까이 오고 있는 신적인 밤에 둘러싸여 있다. 명료한 인식으로부터는 멀리 있지만 영혼은 신랑이 거기 있다고 느낀다.(J 324)[19]

그레고리오스에 의하면, 인간 이성에 찾아오는 어둠이야말로 초월성이다. 여기서 강조되는 것은 현존하는 신의 압도적인 무한성이다. 부정신학에서 현존과 초월은 하나다. 하느님께 가까이 갈수록 하느님은 더욱 우리 눈을 속이신다. 말로니(George A. Maloney, 1924~2005)에게 이는 지식의 난해함의 문제가 아니라 신적 현존의 확대의 문제였다. 하느님이 현존한다는 사실 때문에 인간은 지상 여정의 목적지에 대하여 절대적 외경심을 품게 된다는 것이다.[20]

---

18 실제로 그레고리오스는 일의적(一義的)인 한정(限定), 파악을 초월한 신비에 대하여 말할 때 "빛나는 어둠"(『모세의 생애』 2,164), "깨어 있는 취함"(J 156), "깨어 있는 잠"(J 312~314), "살아 있는 죽음"(J 345, 351)과 같은 당착(撞着) 어법을 사용한다. 잠은 취함(methē) 뒤에 일어나는데, 취함이란 인간이 물체적인 것(열등한 것)으로부터 신적인 것(보다 선한 것)으로의 탈자(脫自, ekstasis)를 뜻한다.

19 이 현존의 감각(aisthēsis tēs parousias)이야말로 영적 감각이라는 신비 체험이다.

20 George A. Maloney 『東方キリスト教神学神學入門』 p. 34.

그레고리오스에게 영적 감각이란, 정화된 그리스도교 신자에게 하느님이 내려준 새로운 지식에로 "자기를-넘어서-가는 것"이다. 그 영적 감각은 "황홀" "취함" "잠" 가운데 있다. 『에우노미오스 논박(Contra Eunomium)』에서 그레고리오스는 모든 가지적인 상징을 초월한 하느님 앞에서 황홀해진(깊은 잠에 빠진, 신비경에 든) 아브라함(창세15,12)에 대해 다음과 같이 말한다.

> 이 숭고한 직관의 결과로 찾아온 황홀 뒤에 아브라함은 다시 한 번 자신의 인간적 약함으로 돌아왔다. 그리고 스스로 인정한 것은 자신이 재이고 먼지이며 벙어리이고 둔감하며 자신의 사유가 본 신성을 이성적으로는 설명할 수 없다는 것이었다.[21]

그레고리오스는 『아가 강화』에서, 황홀에 의해 사람은 정상 상태를 넘어 영적인 상태로 옮겨지는데, 사실 이 영적인 상태야말로 인간의 올바른 위치라고 말한다. 또 황홀은 무한하신 분의 압도적인 현존 때문에 "자기로부터 출행(ekstasis)"한다는 말로 가장 잘 표현된다. 그것은 '빛나는 어둠'이 뜻하듯, 사유에 있어서 아주 강하고 넘치는 빛을 통해 새로운 지식으로 들어가는 것과도 같다. '어지럽다'고 하는 표현 역시 기본적으

---

21 같은 책, pp. 35~36.

로 같은 의미다. 즉 초월적인 것이 아주 가깝다는 것은 높은 절벽의 가장자리를 밟고 서서 더는 디딜 곳이 없음을 느낀 사람의 상태와 비슷한 것이다. 『전도서 강해』의 다음 구절은 이를 잘 말해준다.[22]

> 이리하여 영혼은 파악할 수 없는 것으로부터 모든 점에서 미끄러져 내려와 비틀거리며, 곤혹해하고 다시 본래의 활동으로 돌아온다. 그리고 지금은 초월적인 것에 대해서 그것이 알려진 본성과는 완전히 다르다는 것을 아는 데 만족하는 것이다.

영적 감각과 신화(神化)

말로니는 서구 신학은 동방 교부들의 인간학이 지닌 실존적 역동성을 보다 깊이 연구함으로써 "하느님 안에서의 삶"을 되찾을 수 있을 것이라고 말한다. 하느님은 인간을 자신의 모상에 따라 창조하셨을 만큼 인간을 사랑하시고, 사랑에 가득 찬 에네르게이아(energeia)로 항상 인간을 감싸고 계시다. 그러므로 인간이 스스로의 존엄에 따라 생활한다면 이 에네르게이아는 인간을 참된 하느님의 자녀로 신화하도록 정해져 있

---

22 같은 책, p. 37.

다는 것이다. 이를 그레고리오스는 『지복론(至福論)』에서 다음과 같이 요약한다.[23]

> 존재자들 안에서 부족하기 짝이 없는 먼지·풀·허영이며, 또 우주의 하느님의 아들로 정해진 인간은 이렇게도 탁월하고 숭고한 이 존재의 벗이 된다. 이것은 우리가 볼 수도, 이해할 수도, 파악할 수도 없는 신비이다. 이토록 큰 은혜에 어떤 감사를 드려야 할까? 이 넘치는 은혜의 윤택함을 찬미하기 위해 어떤 말을, 어떤 생각을, 어떤 사고(思考)의 고양(高揚)을 드려야 할까? 인간은 스스로의 본성을 능가한다. 죽어야 할 것이 죽지 않고, 썩어야 할 것이 썩지 않고, 무상한 것이 영원한 것이 된다. 한마디로 인간이 하느님이 되는 것이다. 실로 하느님의 자녀가 되는 데 적합하여 성부께서 지니신 것을 전부 이어받고 부자가 되며 성부의 존엄을 자신 안에 가지게 될 것이다. 아아, 이렇게도 풍성하게 아낌없이 주시는 주님! (…) 이렇게 말로 표현할 수 없는 보물을 받는다는 것은 얼마나 심원한 일인가.

---

23 같은 책, pp. 121~122.

3. 그레고리오스 팔라마스

그레고리오스 팔라마스의 생애[1]

그레고리오스 팔라마스는 동방 그리스도교의 영적 운동인 헤시카즘(Hesychasm)의 이론적 완성자였다. 콘스탄티노폴리스에서 태어난 그는 비잔틴제국 최후의 왕조인 팔레올로고스조(朝) 궁정에서 교육을 받은 후 약관의 나이로 아토스산 수도원으로 들어가 20년간 헤시카즘 수행에 정진했다. 헤시카즘이란 정밀(靜謐), 평안 등을 뜻하는 그리스어 헤시키아(hesychia)에서 유래하는 말로, 주로 관상을 통해 하느님과의 일치 안에서 인간의 완성을 보는 영적 수행 체계를 일컫는다. 수행자들은 '예수의 기도'—주 예수 그리스도님, 하느님의 아드님, 죄인인 저를 가엾이 여기소서—를 끊임없이 외움으로써 완전한 정신 집중을 이루어 마음의 평안을 얻으면 그것으로 "타볼산의 빛"(마태17,5)에 감싸여 하느님을 직관하게 된다고 믿었다. 4세기경 사막의 교부 마카리오스에서 연원하여 10세기의 신(新)신학자 시메온(Symeon, 949~1022)을 거쳐 내려온 이 영적 운동은 14세기 당시 아토스산 수도원에서 대대적으로 성행하고 있었다.

---

1   大森正樹『エネルゲイアと光の神学』(東京: 創文社出版販売 2000) pp. 3~9.

바로 그 무렵 칼라브리아 세미나라의 바를람(Barlaam di Seminara, 1290~1350년경)이라는 철학자가 이탈리아에서 건너와 뛰어난 지식으로 비잔틴 궁정을 매료시키고 있었다. 바를람은 헤시카즘의 소문을 듣고 과거의 이단인 메살리아파(Messalian)를 떠올렸다. 시리아어로 '기도하는 사람'이란 뜻의 메살리아파는 구원은 세례가 아니라 기도에 달려 있다고 말하며, 무엇보다도 현세에서 하느님과의 일치를 강조했다. 바를람은 아토스산 수도자들이 배 쪽으로 머리를 숙이고 기도한다는 소리를 듣고 "배꼽에 영혼을 가진 자"라고 비웃었다. 이에 팔라마스는 수도자들의 견신(見神, Visio Dei)이 참되다는 것을 이론적으로 대변하고자 『거룩한 헤시카스트를 위한 변호』라는 3부작을 발표하게 된다. 논쟁은 궁정의 내분까지 겹쳐 크게 확대되었다.

쟁점은 두 가지였다. 먼저 바를람의 디오니시오스 아레오파기테스 이해였다. 그가 하느님을 인식하는 방법이 서구 지성의 침투로 인해 그리스도교 본래의 하느님 인식을 거스르고 있다는 것이다. 다른 하나는 팔라마스를 위시한 아토스산 수도자들이 육안으로 하느님을 직관한다는 사실이었다. 팔라마스가 하느님의 본질(ousia)은 인식할 수 없으나 하느님의 활동(energeia)은 인식할 수 있다고 말하는 것은 이신론(二神論)이 아닌가 하는 것이다. 1341년 열린 교회회의에서는 반(反)팔라마스파가 단죄를 받았다. 이로 인해 바를람은 이탈리아로 돌아갔고, 거기서 가톨릭으로 개종한 후 주교가 되었다. 그는 훗날 페트라르카에게 그리스어를 가르침으로써 르네상스의 태동을 간접적으로 준비한다. 한편 팔라마스는 1343년 총주교의 쿠데타 음모를 비난하다가 체포되어 이단 재판을 받은 후 이듬해 파문을 당한다. 그러나 이러한 움직임에 불만을 느낀 황후에 의해 1347년의 주교회의에서는 도리어 총주교가 해임되고 팔라마스는 복권된 후 데살로니카의 대주교로 서품되었다. 헤시카즘의 영성 속에 살면서도 지극히 세속적인 정쟁에 휘말리기도 했던 팔라마스는 1359년 세상을 떴고, 1368년 시성되었다.

신화(神化)와 빛[2]

인간 신화의 성경적 근거는 「베드로의 둘째 편지」 1장 4절이다. 베드로가 증언하는바, 그리스도께서 우리에게 주신 귀중하고도 위대한 약속은 우리가 "하느님의 본성을 나누어 받는 자"가 되리라는 것이었다. 즉 우리 인간은 하느님과 한없이 멀리 떨어져 있음에도 불구하고 그리스도의 영광과 능력에 힘입어 하느님께로 가까이 다가갈 수 있게 되었다. 신화는 지적·도덕적 훈련으로 이루어지는 것이 아니다. 신화는 어디까지나 하느님의 은총에 속한다.

---

2 같은 책, 3부 1장 참조.

하느님께서는 그리스도의 위격 안에서 빛으로 나타나신다. 팔라마스는 이 빛을 하느님의 에네르게이아라고 했다. 빛은 하느님의 본질은 아니나 하느님의 "본질에 관련되는" 것으로, 피조물은 하느님의 본질이 아니라 바로 이 빛에 참여하는 것이다.

동방 그리스도교의 세계는 그리스도의 육화에 입각하여 인간과 하느님 사이의 존재론적 단절을 돌파했다는 기쁨에 찬 인간관을 가지고 있다. 이 하느님은 자신의 내적 생명 안으로 사람들이 참여하도록 초대하시는 에네르게이아의 하느님이시다. 은총인 하느님의 에네르게이아는 인간에게 부어져 인간을 현재 상황에서 초월하게 하며 보다 높은 곳으로 이끈다. 동방 교부들은 이러한 인간의 신화를 영성의 가장 두드러진 특질로 보았다.

영적 감각[3]

하느님을 인식하는 데엔 일반적으로 '긍정의 길'과 '부정의 길'이라 불리는 두 길이 있다. 긍정의 길은 인간 사유의 범위를 벗어날 수 없다는 약점이 있어서 '부정에 의한 상승'을 더 우월한 길로 생각했다. 그러나 팔라마스는 부정의 길 또한 지

---

3   같은 책, 3부 2장 참조.

적 조작에 지나지 않는다고 보았다. 그는 다른 길을 찾았다.

혼의 정념적 부분이 정화되고 거기에 어울리는 덕이 얻어져 아파테이아가 성립하면 혼의 이성적 부분인 누스(nous)가 기도와 성령의 은사에 의해 본래의 활동인 관상으로 들어가는데 동방 교부들은 이를 영적 감각이라 불렀다.

'주님의 변모' 때에 세 제자는 그들의 눈이 성령에 의해 변모되었기에 빛나는 그리스도를 볼 수 있었다. 이처럼 시각도 성령에 의해서 성화될 수 있다. 악마가 노리는 것은 우리의 지성이 아니라 혼의 정념적 부분이라고 교부들은 말한다. 그러므로 혼의 정념적 부분을 정화하여, 정념의 노예가 되지 말고 주인이 되어야 한다. 정념은 막대한 에너지다. 이 에너지를 거기에 합당한 덕의 획득에 쏟아부어야 하는 것이다. 정념의 성화가 곧 수행자의 일과이며 목표다. 교부들은 개인의 성화가 곧 세계의 성화로 이어진다고 말한다. 그것은 '과도한 정신주의'에 대한 '감각주의의 복수'가 아니라 감각을 포함한 전 인격의 복권이다.

신체도 기도한다[4]

신체는 항상 부정적인 것, 멀리해야 할 것, 극복해야 할 것

---

4 같은 책, 3부 3장 참조.

으로 여겨져왔다. 그래서 성인이란 바로 신체의 조건을 초극한 사람이었다. 무엇보다도 기도할 때 감각—특히 촉각—은 죽어 있어야 했다. 그러나 팔라마스는 감각은 비물질적인 기도로부터도 생겨난다고 했다. 즉 외부 자극에서 일어난 감각이 내면으로의 귀환을 방해하는 것은 사실이지만 혼의 배합에 의해서 생겨난 감각은 좋은 것이므로 구태여 진정시킬 필요가 없다는 것이다. 몸은 항상 '나'에게 속해 있고, '나'는 하느님의 형상과의 닮음 안에서 창조된 영-혼-신체이기에, 이 셋은 서로 대립하는 것이라기보다는 협동하는 것이라 하였다.

팔라마스는 본래 영에서 신체로 하강하는 길은 항구적인 데 비해, 신체에서 영으로 상승하는 길은 불안정하고 잘못이 많은 길이라고 본다. 중요한 것은 영에서 신체로 내려온 기쁨은 영적인 것이지만, 신체에서 영으로 다다른 쾌락은 어디까지나 신체적인 것이라는 점이다. 즉 신체에서 발원한 쾌락은 영조차도 신체적인 것으로 만든다. 이렇게 된 인간을 그는 육(肉, sarx)이라고 부른다. 육은 인간성을 상실한 인간이다. 그리고 육은 언제든지 하느님과 반대되는 방향으로만 나아간다. 그와 반대로 영에서 신체로 내려온 기쁨은 신체를 변화시켜 영적인 것으로 만든다. 그리하여 인간은 전체적으로 영적인 인간이 된다. 신체를 계속 지니고 있으면서도 영적인 사람이 되는 것이다. "육으로부터 난 것은 육이고 영으로부터 난 것은 영이다."(요한3,6) 성령은 우리의 영혼과 신체에 그 기쁨을 각인한다. 팔라마스는 혼과 함께 신체를 영의 존엄에까지 끌

어울리는 행복한 정념이 있다고 말한다. 육은 자신을 다스릴 힘이 없다. 그것이 육의 특성이다. 그러나 신체는 영과 더불어 신화한다.

신체로써 영적인 것을 체험하는 것은 기도를 통해 가능하며, 그것은 거룩한 경험이다. 동방 교부들은 혼의 정념적 부분은 오히려 우리의 구원에 필요한 것이라고 한다. 마음 깊은 곳으로부터 흘러나오는 눈물이야말로 참된 세례수였다. 성인들은 자신의 격한 정념들을 살아 있는 희생 제물로 하느님께 봉헌했다. 그들의 몸은 하느님을 향해 있었으며, "네 마음을 다하고 목숨을 다하고 생각을 다하고 힘을 다하여 주님이신 너의 하느님을 사랑하여라."(마르12,30)라는 하느님의 명을 혼신의 노력으로 완수했다.

인간도 변모한다[5]

'겟세마니 동산에서의 주님의 기도와 고뇌'는 서방교회가 독자적인 하느님 체험으로 전개·발전시킨 주제였다. 그와 마찬가지로 '타볼산에서의 주님의 변모'는 동방교회가 독자적인 하느님 체험으로 전개·발전시킨 주제이다. 주님의 변모에 관한 짧은 기사(마태17,1~8; 마르9,2~8; 루가9,28~36)에서 동방 교부

---

5 같은 책, 3부 4장 참조.

들을 관상으로 이끈 것은 '빛에 싸인 영광의 그리스도'의 모습이다. 그 모습은 '와야 할 하느님 나라의 전조' '그리스도 부활의 선취' '우리가 거기에 참여할 수 있는 가능성'이었다.

그런데 아브라(Georges Habra, 1930~1994)는 그리스도의 변모가 이때만 일어난 것이 아니라는 중요한 사실을 지적한다. 뽑힌 세 제자들만 주님의 변모를 볼 수 있었던 것은 그때 타볼산에서 제자들의 보는 방식이 달라졌기 때문이다. 그래서 아브라는 성경이 전하고 싶었던 것은 주님의 변모라기보다는 오히려 제자들의 변모였다고 한다. 그 변모가 이제 우리 안에서도 일어날 수 있음은 가슴 벅찬 일이다.

엄밀히 말한다면 제자들이 '본' 것이 아니라, 제자들에게 주님의 변모가 '보인' 것이다. 이 보임은 빛 안에서 일어났다. 제자들이 본 것은 결코 환영이 아니었다. 그들은 볼 수 있게 되어 있는 자 이외에는 볼 수 없는 빛을 육안으로 보았다. 7세기 시리아의 이삭(Isaac Syrus, 613~700)은 우리에게 두 눈이 있는 것처럼 영혼에도 두 눈이 있다고 말한다. 하나는 모든 존재 안에 감추어진 하느님의 힘, 지혜, 섭리 등을 보는 눈이다. 그리고 다른 하나는 하느님의 거룩한 본성의 영광을 보는 눈이다. 영혼의 이 두 번째 눈은 물론 일방적이고도 예기치 못했던 은총에 의해서만 작동 가능한 것이다.

빛의 관상이란 일치이다. 또 빛과의 일치는 견신(見神)이다. 본다는 것은 빛이 되는 것, 보여지는 것과 닮는 것, 빛을 통하여 빛을 보는 것이라고 팔라마스는 말한다. 성령의 활동에 의하여 보는 자(인간)와 보여지는 자(하느님)는 같은 것이 된다. 팔라마스는 하느님을 사랑하는 마음을 가지고 하느님의 계명을 완수하며 복음 안에 사는 자는 관상 안에서 하느님과의 일치를 이룰 수 있다고 말한다.

동서 감각의 차이

출발 당시 미학이 바움가르텐(Alexander G. Baumgarten, 1714~1762)에 의해 감성적인 인식의 학문(Aesthetica est scientia cognitionis sensitivae)이라고 정의되었듯이,[6] 미학은 감각(지각)과 불가분의 관계에 있다. 이는 발타자르의 신학적 미학에서도 예외가 아니어서, 그는 자신의 첫 과제를 "하느님의 자기계시의 형태에 관한 지각론"으로 삼았던 것이다.[7]

발타자르에게 미학은 순수하게 신학적인 의미를 지녔다. 즉 미학이란 완전히 자유로운 하느님의 선물인 사랑이라는 영광을 신앙 안에서 지각하는 것이다.[8] 그리스도 예수 안에서 인간에게 보내신 하느님의 사랑의 메시지는 신-행적(神·行

---

[6] Alexander G. Baumgarten, *Aesthetica* (Frankfurt a.d.O.: 1750/1758) §1.

[7] Hans U. von Balthasar, *Herrlichkeit* Bd. I (Einsiedeln: Johannes Verlag 1961) p. 118.

[8] Hans U. von Balthasar, *Glaubhaft ist nur Lieve* (Einsiedeln: Johannes Verlag 1963) p. 6.

的, theo-pragmatisch)이다.[9] 그 하느님의 사랑의 메시지는 어떻게 지각될 수 있을까?

> 사랑이란 내적 실체는 오직 사랑에 의해서만 지각된다. 그것은 마치 비평가가 작품을 평가하기 전에 지니는 선천적인 직감과도 같은 것이다. (…) 엄마가 아기에게 미소를 지어 보이면 아기도 잠시 후 그 미소를 되돌려준다. 엄마는 아기의 마음 안에서 사랑을 일깨운 것이며, 그것은 곧 인식을 일깨운 것이다. 그처럼 사랑은 하느님으로부터 방사되고 인간의 마음엔 그 사랑의 빛이 스며든다. 그리고 그 빛 안에서 인간은 그 절대적인 사랑을 인식한다.[10]

인간은 실재에 접근하려는 서로 다른 다섯 감각을 가지고 있다. 그 가운데 시각은 처음부터 최고의 감각이라 주장되어 왔다. 그리스인들에게 있어서 존재란 무엇보다도 형태였기 때문이다.[11] 그리고 미가 에로스의 대상이 되었던 것도 미

---

9 같은 책, p. 5.

10 같은 책, p. 49 및 「고린토인들에게 보낸 둘째 편지」 4장 6절 "'어둠에서 빛이 비쳐오너라.' 하고 말씀하신 하느님께서는 우리 마음속에 당신의 빛을 비추어주셔서 그리스도의 얼굴에 빛나는 하느님의 영광을 깨달을 수 있게 해주셨습니다."

11 加藤信朗 『哲学の道』 (東京: 創文社出版販売 1997) pp. 429~430 및 p. 464 (주)2. 가토 신로에 의하면, 존재는 하나의 형(形, idea, species)으로서 현상(phainomenon)이다. 즉 형은 존재의 외화(外化, Ausdruck, 표현)이며, 미(kalōn)이다. 여기서 외화라는 것은, 내적 사념(cognitio interna)의 대상으로서의 불가시적 내적 형상(forma interna)이 아니라, 공간에서의 현상, 탁월한 의미에서의 형, 즉 가시적 지각 형상(species percepta)이

가 진이나 선보다 더 명료한 지각인 시각에 호소하기 때문이다. 즉 미는 소수의 사람들만 행할 수 있는 선보다 쉽게, 일거에 모든 사람을 그 선명한 지각상(知覺像)에 의해 이데아[眞實在]의 입구로 데려갈 수 있었던 것이다.[12]

발타자르에 의하면, 눈에는 두 가지 특징이 있다.[13] 첫째, 전체적인 조망 안에서 포괄적인 이해를 가진다. 눈은 세상을 소유하고 지배할 수 있는 기관이다. 둘째, 눈은 거리와 분리를 표시한다. 다른 감각들은 대상을 직접적인 방식으로 접하지만 [즉 가능한 한 더 가까이 접근하려는 본능을 가지고 있지만] 오직 눈만이 보기 위하여 거리와 분리를 요구하는 것이다.

그러나 발타자르는 사물이 내적으로 생명을 지니게 되면, 바라보는 눈과 살아 있는 정신적 대상 사이에는 거리와 분리를 넘어서는 하나의 새로운 관계가 형성된다고 한다. 이 관계는 낯선 내면성을 들여다보려는 통찰(insight)의 관계이다. 그리고 대상 쪽에도 동일한 시각 행위가 있음을 인정하기에 이른다. 그러므로 "하나의 눈이 얻을 수 있는 최고 지점은 자신

다. 또 형의 지각은 일반 개념을 필요로 하지 않으므로 형의 현상은 이런 의미에서 개념에 앞선 근원 소여(所與)이다.

12 플라톤 『파이드로스』 250D.

13 Hans U. von Balthasar, "Seeing, Hearing and Reading within the Church," *Explorations in Theology* II (S.F.: Ignatius Press 1991) p. 474. German Original: *Sponsa Verbi* (Einsiedeln: Johannes Verlag 1961).

을 바라보고 있는 다른 눈을 들여다볼 때이다."[14]

한편 발타자르에게 듣는다는 것은 전혀 다른 방식이다. 우선 청각은 질료성이라는 근본 특징을 결하고 있다. 우리가 듣는 것은 대상들이 아니라 대상들의 발언이요 전언이다. 그러므로 듣는 사람과 들리는 것 사이의 기본 관계는 무방비의 관계이며 일방적 전달의 관계다. "눈에는 여닫는 눈꺼풀이 있지만 귀에는 그런 귀덮개가 없다. 이 점은 매우 상징적이다."[15]

자기 전달의 최대 매체는 무엇보다도 목소리다. 오직 목소리만이 살아 있는 것의 내적 신비를 열어 보인다. 그래서 목소리는 계시의 가장 적절한 담당자가 되었다. 그런데 목소리는 이미 언급한 것처럼 존재 자체가 아니라 그 발언만을 전달한다. 그러므로 듣는다는 것은 언제나 중간적이다. 또 화자와 청자 사이의 동등함은 근본적으로 배제되어 있다. 듣는 사람은 항상 겸손한 수용이라는 종속적 위치에 있다.

한편, 읽는다는 것은 보는 동시에 듣는 것이다. 상징적으로 재현된 기호들을 보면서 부재중인 화자의 말을 내적으로 듣는 것이다. 그것은 참된 봄도 들음도 아닐 수 있다. "어찌 보면 읽는다는 것은 회상이나 희망을 보는 것이며, 자기 영혼의 상상력으로 듣는 것이다."[16]

---

14 같은 책, p. 475.
15 같은 책, p. 475.
16 같은 책, p. 477.

우리가 편하게 지성적 감각이라고 부르는 것을 교부들은 오리게네스를 따라 영적 감각이라고 불렀다. 발타자르는 이 감각을 자연적 감각의 완성이자 신적인 것이 자신을 세상에 드러내는, 전적으로 새로운 감각으로 이해한다. 무엇보다 이 감각은 은총이 주입된 결과이다. 즉 영적 감각은 하느님께서 계시 안에서 취하신 풍요롭고 다양한 길로 변화된 인간의 감각을 의미한다. 그것은 "그분의 영광을 보고, 그분의 말씀을 듣고, 그분의 향기를 맡으며, 그분의 감미로움을 맛보고, 그분의 현존을 만져볼 수 있는 능력이다."[17] 그러므로 당연히 영적인 봄과 영적인 들음과 영적인 읽음이 있다.

니사의 그레고리오스에 의하면, 참된 영적인 봄은 역설이지만 "보지 않으면서 보는 것이다(to idein en tō mē idein)."[18] 이 당착 어법은 하느님의 절대적 초월성, 비대상성을 가리킨다. 하지만 영적인 봄의 목표는 얼굴을 마주하고 바라보는 것이다.(1고린13,12) 그때는 하느님께 내가 알려진 것처럼 나도 하느님을 알게 될 것이다. 창조주의 시선과 피조물의 시선은 눈들이 서로 응시함으로써 일치하게 될 것이다.

이러한 영적인 봄의 상호 응시의 일치와는 달리 듣는 행위는 보다 완전한 순명을, 즉 창조주로부터 자신을 보다 더 겸

---

17 같은 책, p. 478.

18 니사의 그레고리오스 『모세의 생애』 2, 163.

손하게 구별하는 피조물성을 목표로 한다.[19]

이렇게 서로 다른 영적 감각들을 통하여 동방·서방교회를 특징지어 바라보는 발타자르의 교회관은 흥미롭다. 그에 의하면, 동방교회는 요한적이다. 그것은 봄의 교회다. 반면 서방교회는 공관복음적·바오로적이다. 그것은 들음의 교회다. 동방에서는 로고스가 의미와 형(形, idea)을 뜻하나, 서방에서는 로고스가 말(verbum, word)을 뜻한다.[20] 이 책의 뒷면지에 실려 있는, 그리스도의 변모를 다룬 두 개의 회화 작품을 통해서 동방교회와 서방교회의 차이를 비교해볼 수 있다.

동방에서, 창조된 우주는 거대하고도 총체적인 성사요 신비가 되었다. 그 안에서 교회적·전례적 성사는 하나의 특수한 기능일 뿐이다. 이것이 고백자 막시모스(Maximus Confessor, 580~662)의 『신비 입문(Mystagōgia)』의 내용이다. 그에게 우주 전체는 하느님을 향한 그리움이었다. 그러므로 동방교회의 궁극적인 목표는 인간의 신화(神化)이다. 그것은 하느님을 순수하게 바라보는 것이다.

관상적인 동방교회와 달리 사도적인 서방교회는 자신을 빛이 아니라 어둠으로 이끄시는 하느님의 의지와 보다 가까이 만나는 것을 목표로 삼는다. 아우구스티누스에서 루터와 칼뱅을 거쳐 파스칼에 이르는 서방교회의 전통은, 지성소와

19　Hans U. von Balthasar, *Explorations in Theology* II, p. 480.
20　같은 책, p. 482.

속세를 가르는 성화벽(聖畵壁, iconostasis)이 아니라 설교대와 의자로 충분한 것이다. 가톨릭교회는 극단적인 동방[아토스산, 즉 순수한 봄, 성사(聖事)]과 극단적인 서방[비텐베르크, 즉 순수한 들음, 말씀] 사이, 로마[베드로, 즉 바위] 위에 세워져 있다.

4장

유비와 초월

1. 형이상학적 미학과 신학적 미학

발타자르는 『영광』 제3권 1부 「형이상학」[1]에서, 논의의 중심인 성경의 영광 개념을 진술하기에 앞서, 신학과 형이상학의 상호 관계를 살펴보는 긴 여정을 떠난다. 그리스도교의 선포가 역사적 영역뿐 아니라 형이상학적 영역에도 뿌리내리고 있다면, 성경의 영광이 지닌 보편성은 인간 정신의 보편성과 대면하지 않을 수 없으며, 엄밀한 의미에서 그리스도교 계시의 영광을 다루는 신학의 임무 또한 형이상학적 과제에 대한 항구한 반성 없이는 성공할 수 없기 때문이다. 그런 만큼 이 긴 여정의 노고는 중요하다.

> 성경의 근본적인 한 개념이 일반적인 지성의 영역에서 아무런 유비도 가지지 못한다면, 그리하여 인간의 마음 안에 아무런 친근한 메아리도 불러일으키지 못한다면, 그것은 결코 이해될 수도 없고 우리의 관심을 끌 수도 없다. (…) 그 계시가 열어 보이는 높이·차이·거리는, 다소 멀더라도 인간의 감각과 하느님의 계시 사이에 유비가 있을 때만 은총 속에서 측정될 수 있다.[2]

---

[1] Hans U. von Balthasar, *The Glory of the Lord*, vols. 4~5 (S.F.: Ignatius Press 1991) [이하 *Glory*].

[2] *Glory* 4, p. 14.

발타자르의 형이상학은 그리스도교 시대의[3] 영광의 형이상학을 다룬다. 그는 철학과 신학을 함께 다루던 그리스도교 시대에 관한 연구야말로 영광의 개념이 지닌 유비적 가치를 확신시켜준다고 믿었다. 형이상학적 영광을 더는 믿지 않는 현대에, 어떤 연속성 혹은 중개 없이는 성경의 영광을 제대로 세상에 제공할 수 없기 때문이다. 그러므로 현대의 그리스도인들은 성경의 영광과 더불어 존재의 형이상학적 깊이를 제공해야 한다. 발타자르에게 형이상학이란 이 잃어버린 깊이에 대한 사유를 성경의 계시로부터 새롭게 제시하는 것이었다.[4]

발타자르는 『영광』이 출간되던 무렵 함께 출간된 소책자 『믿을 만한 것은 사랑뿐이다』[5]에서, 그리스도 안에서 하느님의 계시를 믿는 것과 모든 형이상학적·종교적 진리라는 보편적 긍정 사이에는 모종의 일치가 가능하다고 보았다. 나아가 그런 일치를 이루는 것이 그리스도교의 의무라고까지 했다.

---

3 발타자르는 서구 형이상학의 역사를 그리스도교 이전 고대, 그리스도교 이후 근대, 그리고 그 사이의 그리스도교 시대로 구분한다.

4 *Glory* 5, p. 616; pp. 648~649. 그리스도인은 철학의 출발점이 되는 형이상학적 경이(驚異, thauma, Verwunderung)의 수호자가 되어야 한다고 발타자르는 말한다. 그리스도인들은 하늘의 별처럼 어둠 속에 있는 존재의 모든 영역에 빛을 가져옴으로써, 그 빛이 자신들만이 아니라 전 세계 위에 새롭게 빛나게 할 과제를 가지고 있다는 것이다. 그에 의하면 오늘날 그리스도인들의 사명은 그들의 전 실존 안에서 이 형이상학적 행위를 증거하는 것이다.

5 Hans U. von Balthasar, *Glaubhaft ist nur Liebe* (Einsiedeln: Johannes Verlag 1963).

그리스도교는 고대 철학이나 중세 철학에서처럼 우주를 하느님 계시의 궁극적인 의미로 보지 않는다. 또 근대 철학에서처럼 인간을 하느님 계시의 궁극적인 의미로 보지도 않는다. 그리스도교는 우주와 인간을 그리스도 안에서 자신을 비우시는 하느님의 극진한 사랑의 대상으로 이해한다.

사실 바움가르텐의 합리론과 칸트의 비판적 관념론을 거치며 지식의 특수한 영역으로 축소되기 전까지 미학은 형이상학이었고, 그 형이상학은 신학과 불가분의 관계에 있었다. 금세 지나가버리고 말 지상의 미 또한 신적인 절대미, 하느님의 미 안에 닻을 내리고 있었던 것이다. 호메로스와 핀다로스로부터 플라톤, 아리스토텔레스, 플로티노스 및 그리스도교 중세를 거쳐 르네상스, 바로크에 이르기까지 면면히 이어져 내려온 이러한 직관을 발타자르는 "초월적 미학(transcendental aesthetics)"이라고 부른다.[6] 성경의 계시는 이러한 초월적 미학과 대화를 나눌 수 있었다. 존재의 초월적 특성들(proprietas transcendentalis entis), 즉 진선미(verum, bonum, pulchrum)는 서로 넘나들며 서로의 음성을 듣고 있었다. 아름다운 것(kalōn)은 결코 도덕적 견고함이나 진리의 광채를 갖추지 못한 적이 없었다.[7] 이렇듯 형이상학적 깊이 안에서 하나였던 초월적 특성들

---

[6] *Glory* 4, p. 19.

[7] 플라톤 『티마이오스』 29e. 예를 들어 만년의 플라톤에게 우주는 아름답다(kalos). 조물주가 선하기(agathos) 때문이다.

은 성경의 진(구원의 법의 전수), 선(자유의 은총), 미(하느님의 나타나심)와도 충돌을 빚은 적이 없었다.[8]

플라톤이 시인을 비판한 것은, 진리가 시인에게는 고정되어 있지 않은 이미지로 떠다니고 있었기 때문이다. 이 시인의 미에 대한 플라톤의 형이상학적 비판은 그리스도교에 의해 다시 신학적으로 비판된다. 세상과 하느님 사이에서 진리는 우리가 알고 있는 것보다 훨씬 심오하기 때문이다. 발타자르는 이제 형이상학을 신학 안에 비판적으로 재배치한다. 아니 형이상학 안에 신학을 비판적으로 삽입시키고자 한다. 이 작업을 그는 "신학적 초월 미학(a theological transcendental aesthetics)"이라고 부른다.[9] 창조와 구속을 잇는 끈이 끊기지만 않는다면, 창조주로서의 하느님의 활동과 구속주로서의 하느님의 활동은 서로 모순되기는커녕 오히려 후자에 의해 전자가 완성되는 것이다(Gratia non tollit naturam sed perficit).

그러나 성경의 계시 안에서 우리가 행하는 관조의 대상은 하느님과 인간 사이의 질서가 아니라 계시와 법과 은총의 유일한 주체이신 하느님이다. 따라서 형이상학은 다양한 측면에서 초월의 가르침을 준비하는 것이다. 즉 근본적으로 신적인 것을 향해 있는 인간에 대한 해석을 제공한다. 그리고 예술

---

8 *Glory* 4, p. 23.

9 *Glory* 4, p. 24.

이란 신적인 것을 향해 초월하는 행위다. 예술은 신적인 것으로 향할 때 비로소 구체적인 예술이 된다. 신적인 것에 대한 경이로움에서 벗어나버릴 때 그것은 추상적인 예술로 전락한다.[10]

플라톤의 에로스에서 보듯이 존재에는 유한한 형태를 절대화하지 않으려는, 금욕적 거절을 동반한, 절대미로의 초월이 있다. 한편, 그리스도교에는 그리스도의 구원 행위 안에서 성취된 하느님의 미에로의 초월이 있다. 아우구스티누스를 비롯한 위대한 회심자들이 보이는 특징은 이 성경상의 사건의 특수성을 형이상학적이며 비역사적인 보편성 앞에서 정당화하려 한다는 것이다. 그러나 훗날 서양 지성사에서 형이상학과 신학의 화해는 두 가지 이유에서 실패하고 만다.[11] 첫째, 교부 시대, 중세 및 바로크가 지녔던 종합 능력의 상실은 그리스도인들에게 성경의 영광만을 성찰하게 했다. 둘째, 근대에 접어들면서 인간 이성의 자율은 자신을 하느님과 동일시함으로써 하느님의 영광을 사라지게 했다.

발타자르는 형이상학과 신학의 화해를 위한 실마리로

10　Hans U. von Balthasar, *The Theology of Karl Barth* (S.F.: Ignatius Press 1992) pp. 264~266. 신학은 거기서 아무것도 추상될 수 없는 가장 구체적인 것(concretissimum)인 하느님을 다룬다. 그러므로 카를 바르트는 신학을 "개별자에 관한 학문, 가장 구체적인 것에 관한 학문(scientia de singularibus, scientia de concretissimum)"이라고 부른다.

11　*Glory* 4, p. 26.

형태(Gestalt)와 초월(Transzendentalität)을 논한다. 고대[eidos, morphē]와 중세[species, forma]를 거쳐 내려온 형태 개념은 쿠자누스에 이르러 "절대적인 것의 축약된 재현"이란 말로 정의된다. 또, 괴테는 형태를 무한 혹은 완전한 실존[스콜라학의 용어로는 actus essendi illimitatus]에의 참여로 보았다.[12] 절대적인 존재는 세상의 형태를 사용하는바, 모든 아름다운 형태는 열려 있는 그만큼 계시의 형태가 된다고 발타자르는 말한다.[13] 역사적으로 볼 때, 형이상학적 미학과 신학적 미학 사이를 잇는 끈이 끊어졌을 때, 몇 가지 타협이 있기도 했다.[14] 여기서 우리는 형태와 계시에 있어서 유비가 이끌어내질수록 그 둘 사이의 거리는 점점 더 결정적으로 벌어진다는 사실을 잊어서는 안 될 것이다. 그러나 형태의 파괴가 일어난다고 해서 '계시의 형태'라는 성격이 사라져버리는 것은 아니다. 우리가 말씀(Logos)의 유니크한 육화를 수용할 때 성령의 무한한 차

---

12 Edward T. Oakes, *Pattern of Redemption*, pp. 72~73. 발타자르는 존재의 형태성(Gestaltigkeit des Wesens)이란 기본 체험에서 출발했다. 무한한 것에 대한 전이해(Vorgriff)가 아니라 구체적인 형태로 향하는 존재의 잠재적인 방향성이 우선이었다. 그래서 그는 칸트가 아니라 괴테를 택한다.

13 *Glory* 4, pp. 31~34.

14 *Glory* 4, p. 36. 예를 들면 신학과 시가 그 신화적 기원에 있어서 같다고 보는 것이다. 오르페우스가 예언자이자 시인인 것처럼. 그러나 발타자르는 판데르레이우(Gerardus van der Leeuw)가 말한 신화적 사유와 성사적 사유(sacramental thinking)와의 동일시는 예술의 거짓 성화(聖化), 종교의 심미주의화로 떨어질 가능성이 있다고 경고한다.

원은 그 해체로서가 아니라 영광으로서 이해될 수 있기 때문이다.[15]

신학적 미학에 있어서 형태는 십자가에 달린 그리스도의 파괴된 형태로만 존재한다. 그리스도교는 하느님의 사랑이 이 극단적인 몰형태, 아니 형태의 은폐 안에서 결정적으로 계시되었다고 믿는다. 발타자르는 그리스도 안에서의 하느님의 자기 비움이라는 궁극적 신비와 존재의 형이상학적 신비 사이에 유비적 구조가 있으리라고 보았다.[16] 즉 존재의 형이상학적 신비란 파괴되면서 비쳐 나오는바, 그것은 오직 십자가라는 지극한 겸손을 통해서 신적인 광휘를 중개한다. 그렇다고만 하면 형이상학적 미학의 역사는 지속적이고도 아주 풍요로운 신학적 결정(結晶)들의 장소임에 틀림없을 것이다.

"신학적인 초월적 미학"이라는 발타자르의 사유 배경에는 가톨릭의 전통적인 가르침인 토미즘(Thomism)에서 말하는 존재의 유비가 있다.[17] 발타자르는 이를 선배 프시와라를 통해

---

15 *Glory* 4, p. 37.

16 *Glory* 4, p. 38.

17 稲垣良典「超越と類比」, 岩波講座『哲学』2 (東京: 岩波書店 1968) pp. 173~210.
토미즘의 유비론은, 경험적 실재로부터 출발하여 형이상학적 유비에 의해서만 (즉 계시에 의존함 없이) 하느님 인식에 도달할 수 있다고 주장하는 것으로 해석되어 카를 바르트로부터 격렬한 비판을 받았다. [카를 바르트, 『교회 교의학』 I, 1 서문 : "나는 존재의 유비를 반(反)그리스도의 발명이라고 생각한다. 그리고 그 때문에 나는 가톨릭이 될 수 없다고 생각한다."] 그러나 바르트가 유비를 전면적으로 배척한 것은 아니다. 오히려 신앙의 유비에서는 존재의 유비에 한 자리를 내주고 있다. 바르트에 의하면 신(神) 인

발전적으로 받아들였다.

식은 모두 '위로부터의' 계시를 예상한다. 계시로서의 하느님 말씀은 그것이 믿어지고 고백될 때 인간의 사상, 인간의 말이 된다. 이리하여 계시로서의 신의 결정과 이에 대한 응답인 신앙 안에서의 인간의 결정 사이에는 모든 차이에도 불구하고 유사함이 인정된다. 이것이 신앙의 유비(analogia fidei)이다. 그러나 신 인식이 신앙에 의해 성립한다고 해도 그것이 인간의 의식인 한 거기서 유(有)를 배제한다는 것은 불가능하다. 이 점은 바르트도 인정하고 있다. 그러므로 바르트는 존재의 유비가 신앙의 유비 안에 자리 잡을 경우 "은총은 자연을 파괴하지 않고 오히려 완성한다."라는 토마스 아퀴나스의 말(『신학대전』 I, 1,8 ad 2)을 그대로 타당하다고 보는 것이다.

2. 프시와라와 존재의 유비[1]

프시와라에 의하면 이냐시오 데 로욜라의 영신 수련의 핵심은 '진로의 선택'에 있어서 하느님의 부르심에 응답하는 데 있었다. 따라서 그는 『존재의 유비』 제2권의 제목을 예수회의 모토 "하느님의 더 큰 영광을 위하여(Ad maiorem Dei gloriam)"를 연상시키는 『항상 더 크신 하느님(Deus semper major)』(1938)이라 했다. 하느님은 항상 인간의 생각을 뛰어넘으므로 가까이 다가갈수록 그 신비는 더 커진다. 그러므로 유비는, 피조물이 신에게 완전히 사로잡혀 있는 신범론(theopanism)과 자연이 신이라고 하는 범신론(pantheism) 그 틈새에 있다고도 하겠다. 그렇다면 지난 세기 존재의 유비론에 프시와라는 어떤 공헌을 했으며, 발타자르는 거기서 무엇을 배웠을까?[2]

프시와라 사상에 접근하는 가장 좋은 길은 아마 양극(polarity)이라는 말일 것이다.[3] 이 말은 항상 신의 초월(Gott über uns)과 신의 내재(Gott in uns) 사이의 긴장을, 다시 말해서 신의

---

1 Erich Przywara, *Analogia Entis: Metaphysik* I, *Prinzip* (München: Kösel & Pustet Verlag 1932). Stefan Nieborak, *HOMO ANLOGIA: Zur philosophisch-theologischen Bedeutung der analogia entis im Rahmen der existentiellen Frage bei Przywara S.J.* (Frankfurt a.M.: Peter Lang AG, 1994).

2 Edward T. Oakes, *Pattern of Redemption*, ch.1 참조.

3 Erich Przywara, *Religionsphilosophie, Katholischer Theologie* (München: R. Oldenbourg 1927) tr. Alan. C. Bouquet, *Polarity* (Oxford: Oxford University Press 1935).

가시성으로서의 피조물 전체와 그 위에 있는 동일한 신 자신의 불가시성 사이의 긴장을 표현한다. 우리는 이 긴장을 유지함으로써 세계가 신 안으로 함몰되어버리는 것(theopanism)이나 신이 세계 안으로 흡수되어버리는 것(pantheism)을 피할 수 있다.

프시와라는 유비가 의미하는 것이 결코 피조물 안에서 신의 자기 현현이 바닥나는 것이 아님을 정확히 알고 있었다. 프시와라는 근대 철학이 어떻게 이 존재의 유비에서부터 멀어졌는가를 보았다. 마르틴 루터는 신의 초월에 압도되어 피조물이 지닌 자기 실재와 자발성을 상실했으며, 스피노자(Baruch Spinoza, 1632~1677)는 신을 자신 안에 일치시킴으로써 동일한 결과를 초래했던 것이다. 이 양극 사이의 역동성(dynamism)은 유비에 관한 논의에 끼친 프시와라의 독창적 공헌이다. 그에게 유비란 하나의 설(說)이 아니라 삶의 양식이었으며, "자신을 초월하려는 영혼의 완전한 투신"을 뜻했다.

프시와라는 존재의 유비를 통해 세계와 그 안에 있는 인간의 폐쇄적이고 배타적인 의식의 지평을 부수고자 했다. 그는 굳어버린 근대 의식의 체계(System)를 부정하며 철저하게 상대성의 멍에(Joch der Relativität)를 주장했다. 체계 안에서 신비(mysterium)를 투명하게 섬긴다는 것은 불가능하기 때문이었다. 프시와라가 존재의 유비라고 부른 곳은 "살아 계신 하느님과 만나는, 붙잡을 수 없는 지점(der unfaßbare Punkt der Begegnung mit dem lebendigen Gott)"이었다. 우리가 어떻게 이

지점을 체계화(Systematisieren)할 수 있단 말인가. 그는 살아 계신 하느님을 제어하려는 모든 체계에 반대했다. 우리는 유비를 통하여 하느님을 파악하는 것이 아니라 오히려 왜 하느님은 파악될 수 없는가를 알게 된다. 존재의 유비는 우리가 하느님을 부르는 것이 아니라 오히려 어떻게 하느님이 우리를 부르실 수 있는가를 말해주는 것이었다.[4]

---

4   Edward T. Oakes, *Pattern of Redemption*, p. 43.

3. 바르트와 신앙의 유비

종교개혁 이후 복음주의 신학자로서 카를 바르트만큼 가톨릭 신학 쪽에서 주목을 받은 이는 없다. 그리고 가톨릭 측에서의 첫 본격적인 연구가 발타자르의 「카를 바르트: 그의 신학의 제시와 해석(Karl Barth: Darstellung und Deutung seiner Theologie)」(1951)이었다. 1940년 바젤대학 교목으로 부임한 발타자르는 바르트의 세미나에 참석했으며, 바르트 또한 1948~1949년 겨울에 행해진 발타자르의 '바르트 연속 강의'에 참석했다. 위 연구서는 이 연속 강의의 산물이다. 발타자르는 바르트의 신학에서 프로테스탄티즘의 완성과 더불어 가톨리시즘에의 접근을 보았다.[1]

신학 방법론적으로, 바르트는 안셀무스(Anselmus Cantuariensis, 1033~1109)가 속했던 아우구스티누스주의의 전통 속에서 주저 『교회 교의학』을 구축했다. 바르트는 가톨리시즘을 그저 토미즘이라고만 생각하고 있었다. 그러나 자신은 토마스 아퀴나스보다는 보나벤투라의 '그리스도중심주의' 및 '위로부터'란 발상에 더 친근감을 느끼던 터였다.[2]

---

[1] 大木英夫『バルト』(東京: 講談社 1984) p. 325.

[2] 稲垣良典『トマスアクィナス』(東京, 1979) pp. 183~184. 보나벤투라는 토마스 아퀴나스를 가리켜 "신학에 철학적 논의를 도입한 자는 포도주를 물로 희석시키는 극악한 기적을 행하는 자다."라고 비판했다. 그러나 토마스 아퀴나스는 "거룩한 가르침에 있어서 신앙에 봉사하기 위해 철학적 논의를 도입하는 자는 물을 포도주로

바르트는 19세기 자유주의 신학에 반대했다. 하느님의 계시가 주체성으로 대체되어버렸기 때문이었다. 그 첫째 경향이 경건주의(pietism)였다. 이제 신앙은 이성의 최고 가능성으로, 계시는 역사의 최고 가능성으로 환원되어버린다. 그리고 무엇보다도 예수 자신의 하느님 인식 또한 인간이 지닌 종교심의 최고 가능성으로 환원되는 것이다.[3] 바르트는 가톨릭의 존재의 유비도 계시에 충실한 것이 아니라고 보았다. 유비는 하느님과 피조물의 관계를 이미 우리의 철학적 전이해 안에 가져다 놓는다. 그러므로 그것은 기존의 지식과 실재에 하나를 더 보태는 것일 뿐이라는 것이다.[4] 한마디로, 유비는 바르트에게 있어서 인간이 자신을 하느님과 같은 수준에 가져다 놓으려는 반(反)그리스도적 발명 내지 시도였으며, 그러므로 그것은 분명히 죄였다.[5]

바르트가 존재의 유비에 반대한 이유는 다음 네 가지로 요약된다.[6]

변화시키는 자다."라고 응수했다.

3   Hans U. von Balthasar, *The Theology of Karl Barth*, p. 34.

4   같은 책, p. 37.

5   Hans U. von Balthasar, "Analogie und Dialektik," *Divus Thomas* 22, 1944, pp. 171~172. 프시와라에게 바르트의 변증법은 유비에 의해서만 보증될 수 있고 하느님과 피조물 사이의 거리를 뛰어넘으려는 반역자 거인의 시도였다. 그러므로 발타자르에게 이 두 형식적 원리의 검증은 반드시 필요했다.

6   Hans U. von Balthasar, *The Theology of Karl Barth*, pp. 161~166.

첫째, 존재 개념은 하느님과 피조물과의 관계에서 공통의 습관을 만듦으로써 결정적인 요소들을 가린다. 그 요소들이란 순수한 기적, 절대적인 사건, 놀랄 만한 현실성 등이다. 하느님의 존재와 피조물의 존재 사이에는 유사함이 없다. 하느님은 자존(exists a se)이며, 피조물은 의존(exists ab alio)이기 때문이다.

둘째, 존재의 개념은 어디까지나 개념으로 남는다. 그것은 하느님과 피조물이 공통으로 그 아래에 포섭되는 하나의 질서 잡힌 도식이다.

셋째, 존재란 개념은 유한하고 상대적인 존재로부터 파생하는 유한하고 상대적인 개념이다. 피조물의 것을 신적인 것 안에 투사할 수는 없다.

넷째, 존재의 개념은 불순종의 가장 직접적인 표현이다. 오직 하느님의 선물인 것을 자기 자신으로부터 산출하려는 것이다.

그러므로 존재의 유비는 신앙의 유비로 대체되어야 한다. 그 이유는 다음과 같다.

첫째, 하느님에 관한 모든 지식은 위로부터, 하느님에 의해 먼저 계시된 것에 의존한다. 둘째, 인간은 자신의 진리를 자유롭게, 예배 안에서, 신앙의 행위에 종속시킴으로써 계시로부터 지식을 얻을 수 있다. 셋째, 하느님의 자기 계시가 가장 분명하게 표현된 곳은 예수 그리스도 안이다.

그러므로 바르트가 간접적으로 말하고 싶은 유비는 흠숭

과 기도의 유비(analogia adorationis et orationis)였다.[7] 그것은 피조물을 은총 속에서 하느님의 다스림 안에 포함시키는 것이다. 바르트는 이러한 신앙의 유비 안에서 존재의 유비를 인정했다.

---

7   今道友信 「靈性と芸術」 pp. 7~12. 본래 중세 교회는 신과 인간 사이의 대화를 oratio라고 했다. 그러나 일반적으로 oratio는 사람들 사이의 수평적 언어 교환으로서의 회화·담화·변론·기원·요청·정보 전달·강요·명령·승낙·제소·비난·고소 등의 의미를 지니며, adoratio는 숭고한 것을 향한 찬미·찬양·예배 및 그러한 마음씨를 의미한다.

4. 자연과 은총

발타자르는 위 연구서에서, 바르트가 초기『로마서 강해(Der Römerbrief)』의 변증법에서 후기『교회 교의학』의 신앙의 유비로 가는 점진적 진화의 궤적을 추적했다.

바르트의 초기 신학에는 창조주와 피조물에 함께 적용할 수 있는 개념이 없다. 변증법은 하느님과 인간 사이의 총체적 반대를 뜻할 뿐이었다. 그러나 이 변증법에는 해결되지 않는 내적 모순이 자리하고 있다. 하느님과 피조물의 차이가 그렇게 절대적이라면 계시의 사건은 피조물의 피조물로서의 상태를 말소해버리고 마는 역설적인 결과를 초래하는 것이었다. 이제 피조물은 신의 자존성(aseity) 앞에서 무(無)와 다름없다. 또 피조물이 신에 의해서 회복되고 다시 신에게로 되돌아갈 수 있다면 피조물은 최소한 그 기원과 목표에 있어서 신과 동일하지 않으면 안 된다.[1] 이것은 창조론과 종말론이 하나인 신범론(theopanism)이다. 이것은 거리를 부르짖으면서도 한 치의 거리도 남겨놓지 않는 역설이다.[2]

그러므로 바르트는 1932년『프롤레고메나(Prolegomena)』를 『교회 교의학』이란 새 이름으로 개정·출간했다. 그는 이 시점부터 변증법적 신학에서 긍정 신학으로 옮겨 갔다. 그냥 교의

---

1 Hans U. von Balthasar, *The Theology of Karl Barth*, p. 84.
2 같은 책, p. 94.

학이 아닌 '교회의' 교의학이었다. 그는 서문에서 '교회의 교의학'은 철학이 아니라 오직 '하느님의 말씀'에만 전적으로 의존한다고 밝혔다. 이제 신학은 대상에 의해 자신이 규정되는 것이다. 그러나 같은 서문에서 바르트는 신앙의 유비를 존재의 유비와 거의 구별이 안될 정도로 서술하고 있다.

> 하느님과 인간과의 관계는 양극 사이의 중간 지대로서 기술되는 바, 우리는 이를 유비(Analogie)라 부른다. 이 중간은 어느 쪽으로도 옮겨지지 않고 부분적인 동일성이나 부분적인 차이로도 축소될 수 없다. (…) 유비는 궁극적인 '관계-용어'인 것이다. 그것은 동일성이나 비동일성으로 설명되지 않는다.[3]
>
> 우리가 하느님에 대하여 사용하고 있는 말들은 하느님이 정초한 관계와 독립되어 있는 것이 아니다. 관계란 생득적인 법칙으로서 우리가 자연 안에서 발견하는 것이 아니라 계시 위에 세워진 것이다. 우리의 개념이 지니고 있는 진리는 창조된 것, 관계된 것, 한정된 것으로서의 진리이다. (…) 하느님은 자신의 진리를 표현하기 위하여 우리의 진리를 선택한다.[4]

바르트에게 '하느님의 말씀'이란 중심 개념은 점차 '신인(神人) 예수 그리스도'란 말로 대체되어갔다. 말씀은 성자(聖子)를

---

[3] 같은 책, p. 109.
[4] 같은 책, p. 109.

위한 하나의 표시이지 계시의 내용과 본질을 위한 포괄적인 용어가 아니라는 통찰이 바르트에게 있었다. 하느님이 모든 것을 하나로 일치시키고자 한 것은 바로 이 '아들 자신' 안에서였다. 또 죄는 은총에 대해서 총체적인 모순이지만 자연 본성이 그러한 것은 아니다. 왜냐하면 자연 본성은 그리스도 위에 정초되어 있기 때문이다.[5]

그러나 발타자르는 바르트의 창조와 그리스도와의 관계에서 그 일방성을 비판한다. 바르트에게 창조는 천주 강생의 전제에 불과했기 때문이었다. [그렇다면 인간도 하나의 부수 현상에 지나지 않게 된다.] 바르트가 존재의 유비란 말을 피하고 신앙의 유비라는 말을 쓰는 것도 이 때문이라는 것이다.[6] 바르트는 피조물이 그리스도와 어떻게 관련되는가를 보여주기 위해 모래시계의 이미지를 사용했다.[7] 즉 하느님과 인간이란 두 인접한 방은 오직 중앙의 좁은 관을 통해서만 만날 수 있다. 게다가 모래는 위에서 아래로만 흘러내리는 것이다. 계시는 그처럼 일방적이다.[8]

---

5 같은 책, pp. 114~116.

6 Edward T. Oakes, *Pattern of Redemption*, p. 66.

7 Hans U. von Balthasar, *The Theology of Karl Barth*, p. 197.

8 알렉산더 게르켄(Alexander Gerken)은 보나벤투라에 관한 논저 *Theologie des Wortes*(Düsseldorf: Patmos 1963)의 320~327쪽에서 카탈로기아(katalogia, 하방유비下方類比) 개념을 소개한다. 게르켄이 보기에 보나벤투라는 신앙의 유비와 함께 존재의 유비를 그 자체 안에 지니고 있는, 신학의 전제가 되는 '그 무엇'을 파악하고 있었

다. 그리고 '그 무엇'은 인간이 절대적인 중개자인 그리스도를 통해서 하느님 안으로 들어가는 지점에 놓여 있었다. 만일 그리스도가 성부로부터 내려온 자라면, 세상에 인간으로 보내진 하느님의 아들이라면, 그리스도를 통해 하느님 안으로 들어간다는 것은 성장의 육화(incarnatio) 안으로 들어가는 존재의 과정으로 이해될 수 있다는 것이었다. 즉 그것은 육화하는 성자와 함께하는 인간의 공동강하(共同降下, condescensio)로 이해될 수 있다는 것이었다. 그리고 바로 여기서 케노시스(kenosis, 자기 비움)가 아니라 카탈로기아란 개념이 사용되었다. 카탈로기아는 육화한 성자 안에서의 하느님의 케노시스를 오직 '위로부터' 아래로 형성된 과정으로 읽는 신학적 인식의 방법론이다(그리스어에서 ana-logia는 upward movement를, kata-logia는 downward movement를 가리킨다). 발타자르는 존재의 유비에 적절한 신학적 위치를 주기 위한 틀과 기준을 이 카탈로기아란 기초 안에서 발견했다. 그럼으로써 그는 존재의 유비와 신앙의 유비 사이의 그릇된 양자택일을 피하고자 했다. 즉 존재의 유비는 존재라는 중립적 개념에 의해 하느님과 세계와의 관계를 대등한 것으로 만들어버렸다는 비난을 받았다. 한편 신앙의 유비는 창조라는 기초적인 의미를 부정했다는 비난을 받고 있었던 것이다. 그럼에도 불구하고, 발타자르의 이 하방유비(下方類比, catalogical analogy)는 그리스도중심주의라는 한계를 지니고 있다. 그리스도야말로 무기물(모퉁잇돌)의, 식물(포도나무)의, 동물(어린양)의, 인간의, 역사의, 우주의 진정한 요약(recapitulatio, 에페1,10 참조)이기 때문이다. 결국 신학이란 유비의 총체성을, 즉 카탈로기아의 공동강하(共同降下)와 아날로기아의 공동상승(共同上昇)의 통합을 구축하는 학문이라고 하겠다. 참조: Wolfgang Treitler, "True foundations of Authentic Theology," in Peter Henrici (ed.), *Hans Urs von Balthasar: His Life and Work* (S.F.: Ignatius Press 1991) pp. 169~182.
다른 한편, 디오니시오스 아레오파기테스의 신학적 미학에 대한 발타자르의 일견은 이 점에서 퍽 시사적이다. "(…) 일단 성립한 신과 지성 사이의 균형은 신의 엑스타시스(exstasis, 육화肉化와 십자가)라고 하는 역설에 의해 파괴된다. 그러나 인간은 스스로 이 신의 엑스타시스에 참가하여, 자기를 떠나 죽음과 부활에 참여함으로써, 거꾸로 자신의 동일성을 붙잡는다. 이리하여 신의 죽음이라고 하는 영점(零點)을 거쳐 하느님과 인간의 유비는 회복되고, 더는 상실되는 일이 없는 것이다. 하느님의 죽음이라는 어둠에서, 하느님의 다다를 수 없는 빛이 빛나는 것이다. 발타자르는 이 긍정과 부정, 빛과 어둠의 교착(交錯)으로 이루어지는 디오니시오스의 세계를 이미 구원된 세계라 보았다. 즉 신플라톤학파의 용어, 체류(滯留)-발출(發出)-귀환(歸還)의 세계기로 말해지는 세계는, 하느님의 아들의 육화에 의해 이미 구원된 세계의 표현이라고 생각하는 것이다." 참조: 熊田陽一郎 『美と光』 (東京: 国文社 1986) pp. 180~181.

그러나 발타자르는 보다 성경적인 이미지로 이 관계를 표현해야 한다고 생각했다. 즉 포도나무와 가지의 이미지였다. 물론 생명의 원리는 나무에서 가지로 흘러간다. 그러나 어느 누가 나무를 생각할 때 가지가 없는 나무를 떠올리겠는가.

> 가톨릭은 나무에 연결되어 열매를 많이 맺는 가지들, 즉 자연을 강조하는 데 비해 프로테스탄트는 생명의 배타적 원리인 나무, 즉 은총만을 강조하는 경향이 있다. 그러나 비유는 양자를 동시에 표현한다.[9]

그러므로 발타자르가 바르트의 신학에서 반대하는 것은 그리스도중심주의가 아니라 그리스도와 신자들 사이의 일방적 통교(communication) 방식이었다. 그것은 그리스도와 교회와의 관계를 신랑-신부의 관계로 보는, 또 하나의 성경적 이미지가 지닌 진정한 상호성(mutuality)을 결하고 있기 때문이다. 바르트의 이 일방성은 나무의 생명이 어떻게 변화의 힘(transformative power)을 가지고 신자들의 가장 내밀한 곳에까지 흘러드는지 설명하기 어렵다.[10] 바르트는 은총에 아무런 손상도 입히고 싶지 않았으므로 이 변화의 힘을 종말론적인 것으로 유보해버렸다. 그러나 발타자르에게 은총은 하느님의

---

9 Hans U. von Balthasar, *The Theology of Karl Barth*, pp. 387~388.

10 Edward T. Oakes, *Pattern of Redemption*, pp. 67~68.

내적 생명에 참여하는, 피조물의 존재에 변화를 가져다주는 사건이었다. 그렇다면 피조물과 하느님 사이엔 은총 안에서 피조물이 성장할 수 있는 어떤 '거리'가 있음이 틀림없다.

> 변화의 사건인 은총은 구원에 이르는 각 국면들을 마련한다. 구원은 한 번에 이루어지는 것이 아니다. 만일 단 한 번에 이루어진다면 일상의 작은 국면들은 영원의 눈 아래 모두 죽어버린 과거처럼 무의미한 것이 되어버릴 것이다. 각각의 국면들은 우리의 결정을 진지하게 받아들이시는 하느님의 거룩한 섭리 안에서 각각 그 의미와 무게를 지니고 있다.[11]

발타자르가 의미했던 유비는 하느님과 피조물 사이의 거리였다. 그리고 그 거리는 우리가 하느님의 생명을 나누어 받기 위한 변화로 이끄는 전제다. 이러한 거리가 없었다면 죄는 영원한 과거의 사건이며, 의화(義化)는 영원한 미래의 일이 되어버릴 것이다. 그러나 상대적이고 시간적인 영역에서 일어나는 모든 것들을 구원하시는 하느님과 함께 인간은 실제로 진동하는 역사를 만들고 있는 것이다.[12]

프시와라에게 자연과 은총은 나란히 달리는 것이 아니다. 그렇다고 자연이 은총을 향해 있는 것도 아니다. 자연은 은

---

11   Hans U. von Balthasar, *The Theology of Karl Barth*, pp. 377~378.
12   같은 책, p. 371.

총과 더불어 구체적인 통일을 이룬다.[13] 그가 모더니즘과 스콜라학 사이에 끼인 가톨릭교회에 제시한 하나의 비전은, 합리적이고 정적인 시스템이 아니라 긴장 속의 균형(balance in tension) 혹은 내재적으로 진동하는 리듬(an immanent oscillating rhythm)이었다.[14]

프시와라의 비전에서 가장 중요한 특징은 양극의 구조적·관계적 긴장에 대한 그의 민감함이었다. 이미 카파도키아 교부들과 아우구스티누스가 말했던 '초월과 내재의 하느님(Deus exterior et interior, God above and in)'[15]은 프시와라가 주시한 양극의 긴장이란 생각이 옳았음을 입증한다. 그들은 하느님의 멀고 가까움을 동시에 강조했다. 예를 들어, 프시와라는 전례에서조차 하느님의 현존과 부재라는 양극의 리듬을 언급한다. 그것은 타협이나 미봉적 종합이 아니라 초월하려는 추진력에 대한 민감함이다.[16] 프시와라는 존 헨리 뉴먼(John Henry Newman, 1801~1890) 연구를 통해 인간과 하느님 사이의 균형—리듬·유비·진동—을 다음과 같은 한마디로 통찰한다.

---

13 Ulrich Kühn, *Natur und Gnade* (Berlin: Lutherisches Verlagshaus 1961) pp. 91~113.

14 James V. Zeitz, "Erich Przywara: Visionary Theologian," *Thought,* June 1983, p. 149.

15 아우구스티누스 『고백록』 3,6: "Tu autem eras interior intimo meo et superior summo meo."

16 James V. Zeitz, "Erich Przywara: Visionary Theologian," p. 15.

그리스도의 하느님 안에서의 하느님과 나.[17]

초기 바르트에서 보듯이 프로테스탄티즘의 위험은 도약을 강조하는 데 있다. 그러나 프시와라에게 기도란 우리를 일상 업무에서 격리시키는 것이 아니라 오히려 그 일로 돌아가게 만드는 것이다.[18]

프시와라에게 있어서, 무제한으로 진동하는 비례적 유비는 하나의 새로운 의속(依屬)적 유비(analogia attributionis)를 정초한다. 그는 『존재의 유비』의 마지막 부분에서 이를 아날로기아(analogia, 상방유비上方類比)가 아니라 카탈로기아(katalogia, 하방유비下方類比)라고 부른다. 왜 그는 토마스 아퀴나스의 비례적 유비를 넘어서 프란시스코 수아레스(Francisco Suarez, 1548~1617)의 일의성(一義性)이 강조되는 제3의 유비로 나아가려 했던 것일까? 자연신학에 대해서 신의 초월성을 보장하고자 함이었을까? 아니면 '신비로의 환원'인가? 여기에는 두 가지 깊은 뜻이 담겨 있다. 하나는, 하느님에 대한 인간의 탐구란 하느님이 늘 더 큰 궁극적 신비로 존재하게끔 하는 길이라는 것이다. 다른 하나는, 리듬으로서의 유비는 무엇인가가 거기서부터 나오는 원리가 아니라, 어디까지나 하느님과 인간

---

17 Erich Przywara, *Ringen der Gegenwart* (Augsburg: B. Filser-Verlag 1929) p. 11.

18 Erich Przywara, *Deus semper maior* (München: Herold 1964) pp. 340~341.

사이의 근원적인 역동성(das Ur-dynamische)이라는 것이다.[19]

프시와라의 초기 저작에 담긴 유비의 형이상학적 비전은 혼인·왕국이라는 성경의 비유 안에서 놀라운 교환(admirabile commercium)이라는 주제를 통해 구체화되었다.[20] 신앙의 유비를 말하던 그의 후기 저작이 성경적 주제로 새로운 전환을 모색한 것이다. 그리고 그것은 다시 그의 중심적 직감인 존재의 유비에로의 귀환이자 지속이 되었다. 프시와라는 교환이 유비의 사실적 구체성이라고 명백하게 밝힌다. 그리고,

> 그것은 개념 사이의 관계가 아니라 유사함과 이미지와 상징 안에서의 관계이다. (…) 관계로서의 교환은, 혼인 혹은 계약이라는 주제와 비슷하며 모든 것이 거기로 돌아가는 최종적인 것이다. 그것은 신비에의 환원(re-ductio in mysterium)이라고도 할 수 있다.[21]

프시와라는 하느님의 신비를 보존하고 있는 유비에 큰 관심을 보였지만, 그때 그는 복음으로 돌아가 이 신비의 구체적 표현을 놀라운 교환(the wonder of an exchange between God and creature) 안에서 발견한 것이다. 이 교환의 신비는 그리스도라

---

19 James V. Zeitz, "Erich Przywara: Visionary Theologian," p. 157.

20 James V. Zeitz, "God's mystery in Christ: Reflections on Erich Przywara and Eberhard Jüngel," *Communio* 12, Summer 1985, p. 160.

21 Erich Przywara, *Logos, Abendland, Reich, Commercium* (Schwabenverlag AG: Patmos 1964) p. 133.

는 한 인물(personality) 안에서 투명하게 보여졌다. 그리고 이 성경적 주제 안에서 존재의 유비와 신앙의 유비라는 양극은 그 완성을 본다.[22]

---

[22] James V. Zeitz, "God's mystery in Christ: Reflections on Erich Przywara and Eberhard Jüngel," p. 170.

결론

이 글의 목적은 발타자르의 신학적 미학의 두 중심 과제, 즉 지각론과 탈자고양론의 그리스도교 사상문화사적 해명이었다. 그 과정을 이끌 길잡이로는 동방 그리스도교의 영적 감각론과 현대 그리스도교 사상에서의 유비론을 택했다.

동방의 영적 감각론에서 도출되는 결론은 이러하다.

동방 교부들의 목표는 인간의 신화(神化)에 있다. 그리고 인간의 신화 곧 인간의 참된 완성은 감각(신체)의 영적인 회복에서 출발한다. 영-혼-신체로 이루어진 인간의 전인격적인 복권이 요청된다. 특히 네오플라토니즘은 무엇보다 물질로의 하강을 저지하고 혼에서 다시 일자(一者)로의 전회(epistrophē)를 요청했다. 그러나 동방 교부들에게 신체(질료)는 연료로서의 의미를 지닌다. 불도 장작이 있어야 타오르는 것이다.

그러므로 감각은 말살의 대상이 아니라 변모의 대상이다. 감각은 하느님의 불(성령)에 타 없어지는 것이 아니라 정화되는 것이다.[1] 감각도 그리스도의 수난에 참여하며 함께 묻히고

---

1 「출애굽기」 3장 3절 및 니사의 그레고리오스의 『모세의 생애』(2.25)를 보라. 모세는 하느님의 산 호렙에서 불꽃이 이는데도 타지 않는 떨기나무를 보았다. 유대교의 전통은 여기서 이스라엘의 수난을 본다. 그러나 그레고리오스는 여기서 그리스도의 육화를 본다. 무한한 불가지의 존재가 유한한 자연 본성 안에 깃들면서도 파괴하지 않는 것이다. 여기에는 초월과 내재의 미묘한 관계가 담겨 있다.

다시 영광스럽게 부활한다. 정화된 감각은 자신 안에서 아파테이아의 거울을 통하여 선의 태양 곧 하느님을 본다.(마태5,8)

그리스도인들은 은총을 통하여 영적 감각을 선사받는다. 은총이 이 세상에 들어오는 것은 하느님의 자기 비움과 수난(passio), 그리고 십자가에서의 죽음을 통해서다. 오리게네스는 이를 향유 단지의 깨짐으로 비유한다. 영적 감각은 그들의 삶 안에서 하느님께서 무엇을 원하시는지를 정확하게 가르쳐준다. 그러므로 영적 감각은 성령의 은사와도 합치한다.

영적 감각은 선과 악을, 참된 빛과 거짓된 빛을, 참된 아름다움과 거짓 아름다움을 식별한다. 그 기준은 혼란과 고요함이다.

영적 감각이 죽어 있는 사람들은 영적으로 죽어 있다. 그리스도는 은총으로 죽은 자들의 감각에 생명을 되찾아주신다. 성경의 치유 이야기들은 바로 죄로 인해 손상 입은 영적 감각의 치유 내지 재창조를 가리킨다(예를 들면, 루가18,35~43에 나오는 예리고의 장님 치유 이야기 등).

신체적 감각과 영적 감각은 마치 쌍둥이처럼 태어나지만 한 마을에 사는 타인과 같다. 신체적 감각이 닫혀야 영적 감각이 열리는 것이다. 그래서 니사의 그레고리오스는 영적 감각을 외눈박이와 같다고 한다.

혼의 정념적 부분이 정화되고 거기에 어울리는 덕(용기나 절제)이 얻어져 아파테이아가 성립하면 혼의 이성적 부분인 누스(nous)가 기도와 성령의 은사에 의해 본래 활동인 관상에 들어가는데, 동방 교부들은 이를 영적 감각이라고 불렀다.

신체에서 발원한 쾌락은 영조차도 신체적인 것으로 만든다. 이렇게 된 인간을 그레고리오스 팔라마스는 육(sarx)이라고 부른다. 육은 인간성을 상실한 인간이다. 그리고 육은 언제든지 하느님과 반대되는 방향으로만 나아간다. 반대로 영에서 신체로 내려온 기쁨은 신체를 변화시켜 영적인 것으로 만든다. 그리하여 인간은 전체적으로 영적인 인간이 된다. 신체를 계속 지니고 있으면서도 영적인 사람이 되는 것이다.

발타자르는 영적 감각은 자연적 감각의 완성이자, 신적인 것이 자신을 세상에 드러내는 전적으로 새로운 방식이라고 한다. 무엇보다 이 감각은 은총이 주입된 결과이다. 즉 영적 감각은 하느님께서 자신의 계시 안에서 취하신 풍요롭고 다양한 길로 변화된 인간의 감각을 말한다. 그것은 그분의 영광을 보고, 그분의 말씀을 듣고, 그분의 향기를 맡으며, 그분의 감미로움을 맛보고, 그분의 현존을 만질 수 있는 능력이다.

영적 감각은 사랑을 받아들임으로써 촉진된 감각 능력이다. 그것은 궁극적 행복이신 하느님의 진리를 알고, 하느님의 선하심을 사랑하며, 하느님의 아름다움을 즐거워하는 기쁨에 넘쳐 있다. 또 하느님을 끊임없이 그리워하는 동경에 가득 차 있다. 영적 감각은 하느님께 향해 있는 자기 초월의 길이다.

유비론에서 도출되는 결론은 다음과 같다.

프시와라에게, 유비는 신범론과 범신론이란 양극 사이의

긴장을 가리킨다. 유비론에서 그의 독창적인 공헌은 유비가 양극 사이의 역동성임을 지적한 것이다. 즉 유비는 하나의 정적인 이론이 아니라, 자신을 초월하려는 영혼의 완전한 투신을 뜻하는 삶의 양식이다. 그는 살아 계신 하느님과 만나는, 붙잡을 수 없는 지점을 유비라고 불렀다. 우리는 유비를 통해 하느님을 알 수 있게 되는 것이 아니라, 끝까지 알 수 없는 하느님의 부르심을 듣고 따르게 된다는 것이다.

존재의 유비를 단순히 토미즘의 틀 안에서 이해한 바르트는 이를 반(反)그리스도적 발명이라 불렀다. 이렇게 존재의 유비를 무시한 초기 바르트의 변증법을 프시와라는 무모한 거인의 반역이라 비난했다.

발타자르는 바르트의 후기 역작인 『교회 교의학』에서 존재의 유비와 신앙의 유비 사이의 접점을 발견한다. 그 접점이 바로 신인(神人) 예수 그리스도였다. 그러나 계시의 일방성을 주장하는 바르트의 입장을 포도나무-가지 혹은 신랑-신부와 같은 성경적 이미지들을 통해 수정한다. 즉 자연과 은총 사이의 통교 방식은 일방적이 아니라 상호적이라는 것이다. 프시와라 역시 최종적으로 '신비에의 환원'은 '놀라운 교환'으로 구체화됨을 확인한다.

프시와라가 의미하는 유비를 가리키는 말로 '양극 사이의 긴장' '진동하는 내재적 리듬'이 있다. 이는 카파도키아 교부들의 인간 신화론 중 특히 니사의 그레고리오스의 '에펙타시스론'에서 그 연원을 찾을 수 있다. 니사의 그레고리오스의 말대로 "우리는 하느님의 본질을 파악할 수 없으나, 그 존재는 피조물로부터의 유비에 의해 알 수 있다."[2]

---

[2] 「지혜서」 13장 5절; 「로마인들에게 보낸 편지」 1장 20절.

참고 문헌

고전 문헌

Aristoteles, *De Anima*, tr. Walter. S. Hett, *On the Soul* (Harvard Universty Press 1995)

─────, *De Anima*, 오지은 역『영혼에 관하여』(아카넷 2018)

Augustinus, *Confessiones*, 최민순 역『고백록』(바오로딸 1988)

─────, *Confessiones*, 성염 역주『고백록』(경세원 2016)

Baumgarten, Alexander G., *Aesthetica*, 松尾大 訳『美学』(東京: 講談社 1987)

Benedictus, *Regula Benedicti*, 이형우 역『성 베네딕도 수도규칙』(분도출판사 1991)

Denzinger, Heinrich, Adolf Schönmetzer (ed.), *Enchiridion Symbolorum* (Freiburg: Herder 1963)

Gregorius Nyssenus, *In Canticum Canticorum*, 宮本久雄 訳『雅歌講話』(東京: 新世社 1991)

─────, *De Vita Moysis*, 谷隆一郎 訳『モーセの生涯』(東京: 教文館 1992)

Ignacio de Loyola, *Ejercicios Espirituales*, 정제천 역 『영신수련』 (이냐시오영성연구소 2005)

Origenes, Hans U. von Balthasar (ed.), *Geist und Feuer* (1938), tr. Robert J. Daly, *Origen: Spirit and Fire* (Washington D.C.: Catholic University of America Press 1984)

Platon, *Politeia*, 박종현 역주 『국가』 (서광사 1997)

―――, *Timaios*, 박종현·김영균 역주 『티마이오스』 (서광사 2000)

Plotinos, *Enneades*, tr. Stephen Mackenna, *The Enneads* (New York: Pantheon Books 1969)

Plotinos, 水地宗明·田之頭安彦 翻訳 『プロティノス全集』 (東京: 中央公論新社 1986~88)

Thomas Aquinas, *Summa Theologiae*, 정의채 역 『신학대전』 (바오로딸 1985~)

上智大学中世思想研究所 『中世思想原典集成』 13 (東京: 平凡社 1993)

현대 문헌

Balthasar, Hans Urs von, *Herrlichkeit: Eine Theologische Ästhetik* (Einsiedeln: Johannes Verlag 1961)

―――, *The Glory of the Lord* 7 Vols. (San Francisco: Ignatius Press 1985~1989)

―――, *Glaubhaft ist nur Liebe* (Einsiedeln: Johannes Verlag 1963)

―――, *Love Alone Is Credible* (San Francisco: Ignatius Press 2004)

―――, *Verbum Caro* (Einsiedeln: Johannes Verlag 1960)

―――, *Explorations in Theology I: The Word Made Flesh* (San Francisco: Ignatius Press 1989)

―――, *Sponsa Verbi* (San Francisco: Ignatius Press 1960)

―――, *Explorations in Theology II: Spouse of the Word* (San Francisco: Ignatius Press 1991)

―――, *Karl Barth: Darstellung und Deutung seiner Theologie* (Köln: Jakob Hegner Verlag 1951)

―――, *The Theology of Karl Barth* (San Francisco: Ignatius Press 1992)

―――, *Mein Werk: Durchblicke* (Einsiedeln: Johannes Verlag 1990)

―――, *My Work : In Retrospect* (San Francisco: Ignatius Press 1993)

Barth, Karl, *Wolfgang Amadeus Mozart*, 이종한 역 『볼프강 아마데우스 모차르트』 (분도출판사 1999)

Belting, Hans, *Das Ende der Kunstgeschichte?*, tr. Christopher S. Wood, *The End of the History of Art?* (The University of Chicago Press 1987)

Grün, Anselm, Meinrad Dufner, *Spiritualität von unten*, 전헌호 역 『아래로부터의 영성』 (분도출판사 1999)

Heidegger, Martin, *Beiträge zur Philosophie* (Frankfurt am Mine: V. Klostermann 1994)

Maloney, George A., *A Theology of Uncreated Energies*, 大森正樹 訳 『東方キリスト教神学入門』 (東京: 新世社 1988)

Navone, John, *Toward a Theology of Beauty* (Minnesota: Liturgical Press 1996)

―――, *Enjoying God's Beauty* (Minnesota: Liturgical Press 1999)

Oakes, Edward Y., *Pattern of Redemption* (New York: Continuum 1994)

O'Donnell, John, *Hans Urs Von Balthasar* (Minnesota: Liturgical Press, 1992)

Pieper, Josef, *What is a Feast?* (Waterloo: North Waterloo Academic Press 1981)

Riches, John K. (ed.), *The Analogy of Beauty* (Edinburgh: Bloomsbury T&T Clark 1986)

Schindler, David C. (ed.), *Hans Urs von Balthasar: His Life and Work* (San Francisco.: Ignatius Press 1991)

Tatarkiewicz, Władysław, *A History of Six Ideas*, 손효주 역 『미학의 기본 개념사』 (미술문화 1993)

Tillich, Paul, *Theology of Culture* (Oxford: Oxford University Press 1959)

Vattimo, Giani, *La Fine della Modernità*, 박상진 역 『근대성의 종말』 (경성대출판부 2003)

今道友信 『西洋哲學史』 (東京: 講談社 1987)

大森正樹 『エネルゲイアと光の神学』 (東京: 創文社出版販売 2000)

坂部惠 『ヨーロッパ神史入門』 (東京: 岩波書店 1997)

加藤信朗 『哲學の道』 (東京: 創文社出版販売 1997)

熊田陽一郎『美と光』(東京: 国文社 1986)

谷隆一郎『東方教父における超越と自己』(東京: 講談社 2000)

土井健司『神認識とエペクタシス』(東京: 創文社出版販売 1998)

정의채『형이상학』(열린 1997)

연구 논문

Fields, Stephen, "Balthasar and Rahner on the Spiritual Senses," *Theoloical Studies* 57, 1996.

Gallagher, Michael P., "Bible and Post-Christian Culture," *The Month*, December 1998.

Zeitz, James V., "Erich Przywara: Visionary Theologian," *Thought* 58, June 1983.

―――, "God's Mystery in Christ: Reflections on Erich Przywara and Eberhard Jüngel," *Communio* 12, Summer 1985.

今道友信「靈性と芸術」『総合文化研究所年報』7 (東京: 青山学院女子短期大学 1999)

민주식「미술사의 종언'에 관한 고찰」『미술사학보』11 (미술사학연구회 1998)

감각과 초월

개정판 1쇄 발행 2025년 8월 4일

지은이　　　김산춘

펴낸이　　　서지원
책임편집　　홍지연 박혜정
디자인　　　박대성

펴낸곳　　　에포크
출판등록　　2019년 1월 24일 제2019-000008호
주소　　　　서울시 용산구 한강대로 95, A동 1315호
전화　　　　070-8870-6907
팩스　　　　02-6280-5776
이메일　　　info@epoch-books.com
인스타그램　@epoch.books

ISBN　　　979-11-991266-4-0(03230)

- 책값은 뒤표지에 있습니다.
- 잘못된 책은 구입하신 곳에서 교환해 드립니다.

1

1. 페오판 그레크 Feofan Grek, 〈그리스도의 변모〉, 14세기 말, 모스크바 트레티야코프 미술관.
2. 두초 디부오닌세냐 Duccio di Buoninsegna, 〈그리스도의 변모〉, 1307/8~11, 런던 내셔널 갤러리.